怖い日本の名城

※本書は体験者および関係者に実際に取材した内容をもとに書き綴られた怪談集です。体験者の記憶と主観のもとに再現されたものであり、掲載するすべてを事実と認定するものではございません。あらかじめご了承ください。
※本書に登場する人物名は、様々な事情を考慮して一部仮名にしてあります。また、作中に登場する体験者の記憶と体験当時の世相を鑑み、極力当時の様相を再現するよう心がけています。今日の見地においては若干耳慣れない言葉・表記が記載される場合がございますが、これらは差別・侮蔑を助長する意図に基づくものではございません。

まえがき

日本にはかつて二万五千とも四～五万とも言われるほどの城があった。明治政府による「廃城令」が出されたあとに多くは取り壊されるなどして姿を消したが、それでも現在一般的に見学できる場所は二百ほどあり、江戸時代以前からの天守が残されている城も十二ある。

空前の城ブームと言われて久しいが、なぜ城は我々を魅了するのだろうか？

建造物の残っていない城址で思いを馳せると、甲冑に身を包んだ戦国武将の姿が目に浮かび、天守の残っている城では、裃《かみしも》の武士たちの息遣いを感じる。堀の周りを歩いて自分が武将だったらどうこの城を攻めるかを考えるのも楽しい。

城には残酷な歴史物語がつきものである。

戦国時代の情け容赦ない城攻め。一族郎党が皆殺しにあった城、追い詰められた城内の婦女子が自害し滝壺に身を投げた城、下剋上により無残な死を遂げた城主、冷酷な城主により手討ちにあった小姓、平和な世になったが権謀渦巻く江戸時代の城。数多くの伝説もそのなかに息づき、歌舞伎や講談の元となった逸話も多い。「播州皿屋敷」「宮本武蔵の妖怪退治」「仮名手本忠臣蔵」そんな伝説や史実の影響が今でも残り、城趾では幽霊の目撃談が語られることもある。数百年前の歴史上の出来事と現代がシンクロし、新たな怪談が生まれ続けているのである。

この本は「城」というタイムカプセルが紡いだ怪異譚を、怪談語りの名手たちが紹介する。また、物語の冒頭に楽しみの一助となるべく城の解説を書かせていただいた。（首里城・浦添城のみ小原氏執筆）

北は北海道から南は沖縄までの「城」にまつわる極上の怪談を、ぜひ本書を片手に城巡りをしながら楽しんでいただけたら幸いである。

住倉カオス

目次

本書に登場する全国の城

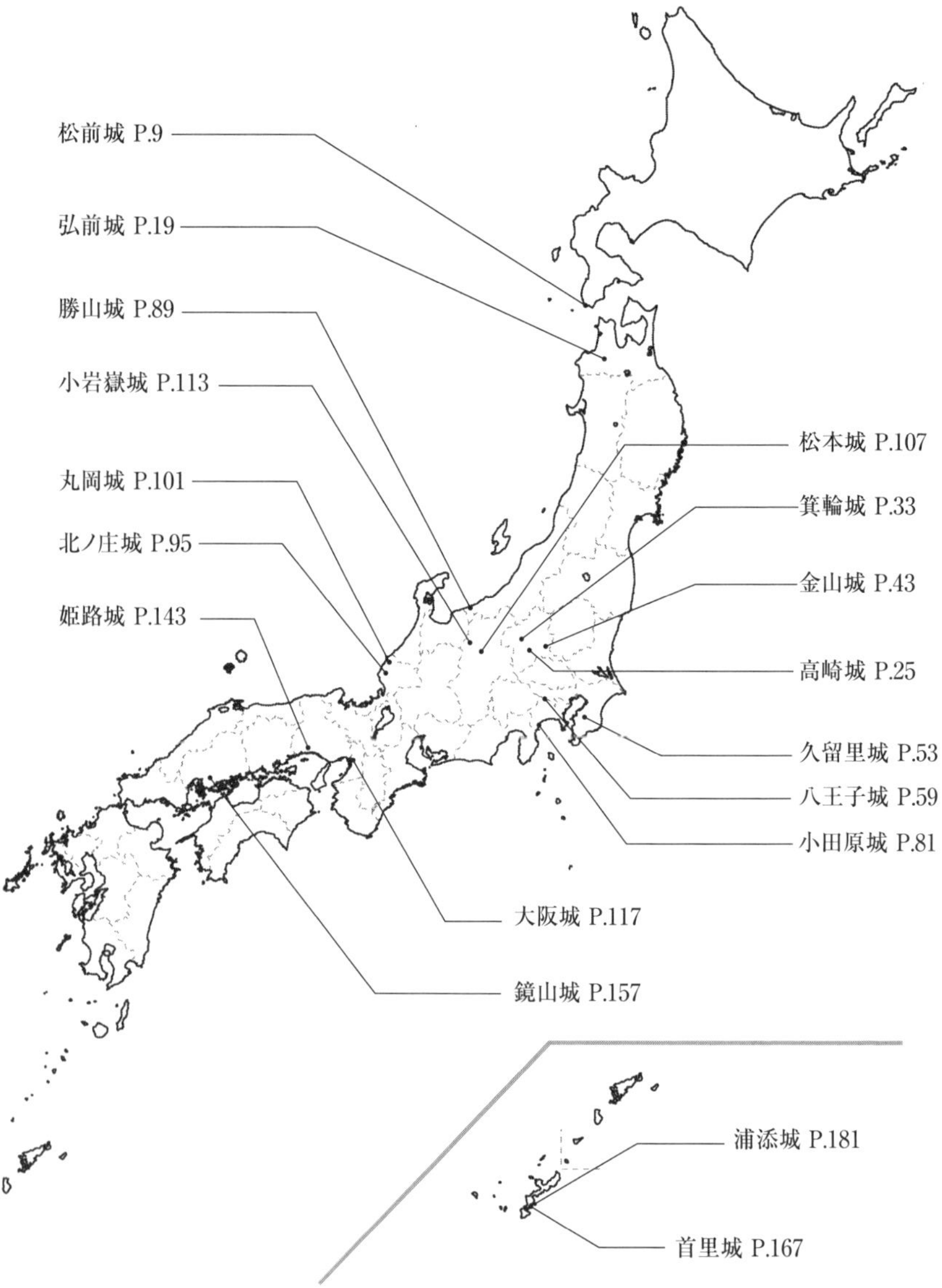
松前城 P.9
弘前城 P.19
勝山城 P.89
小岩嶽城 P.113
丸岡城 P.101
北ノ庄城 P.95
姫路城 P.143
松本城 P.107
箕輪城 P.33
金山城 P.43
高崎城 P.25
久留里城 P.53
八王子城 P.59
小田原城 P.81
大阪城 P.117
鏡山城 P.157
浦添城 P.181
首里城 P.167

松前城《まつまえじょう》

所在地◆北海道松前郡松前町字松城

築城◆安政元年（1855）

主たる城主◆松前崇広

アクセス◆【バス】木古内駅から 90 分「松城」下車徒歩 6 分

【車】函館江差道・木古内 IC から 70 分

北海道で唯一の日本式城郭。江戸時代末期の嘉永二年（一八四九）、出没する外国船に脅威を感じた幕府が北方の警護のために新城の築城を命じる。松前氏は居城であった福山館を拡張する形で安政元年（一八五五）に完成させる。新城の面積は約七万七千八百平方メートル、海に面した箇所には砲台七座を備えていた。同城は「海からやってくる敵を撃退する」ことに特化した構造となっていたため、これが後年の落城につながった。慶応三年（一八六七）、第十五代将軍・徳川慶喜が政権を明治天皇へ奏上した大政奉還が行われた。翌年、新政府を樹立した薩摩・長州・土佐らを中核とした新政府軍と、旧江戸幕府軍が戦った戊辰戦争が勃発する。兵庫沖に停泊していた薩摩藩の軍艦を幕府の軍艦二隻が砲撃したことに端を発した戦争は、江戸城の無血開城を経て舞台を北へ北へと移していき函館戦争へとつながる。松前藩はどちらにも良い顔をする日和見策をとっていたが、尊王派のクーデターにより新政府についた。しかし土方歳三を総督とした、旧幕府側七百名が松前城を攻撃。藩主松前徳広がすでに移動していた松前城はわずか数時間で落城した。「日本一〇〇名城」の一つ。

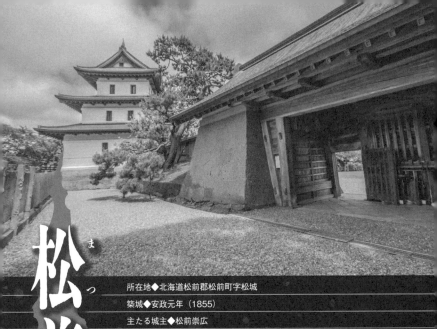

松前城に残る怒り

服部義史

観光地として知られる松前城は、花見のシーズンには大勢の人で賑わう。

その一方、藩主の蛮行が発端となり家臣が殺された井戸や、アイヌ人の耳を削ぎ落として埋めた耳塚などが残る闇の深い場所でもある。


桑田さんは過去に数度、松前城を訪れたことがある。

いつもは時間の余裕がなく、城内をメインに観光していた。

初夏の頃、一度周辺も含めて徹底的に観光しようと、開園時間から松前城に行った。

展示物などもゆっくりと見直す。

造りの細部などまで目を凝らし、改めて城の魅力にとり憑かれていた。

一通り城の観光を終え、周辺を散策することにした。

心地よい風と日差しが桑田さんの心を癒してくれていた。

ふと裏手まで足を運ぶと、空気が変わったような気がした。

日差しの加減で実際に薄暗く感じられたのだろうが、視界に入る一本の樹に目が留まる。

周囲を木で囲い、杭には〈耳塚〉と記されていた。

全身にぞくりと悪寒が走る。

立て看板も近くにあり謂われが記されているのだろうが、それを読み取る余裕などない。

すぐにこの場を離れるべきだと本能が教えていた。

踵《きびす》を返し、数歩進んだところで酷《ひど》い眩暈《めまい》に襲われた。

桑田さんはその場に崩れるようにしゃがみこんだ。

声とは違う、頭の中に響く感情が桑田さんの脳内を支配していく。

『ゆる……さない、ゆるさ……ない、ころし……てやる』

その感情に反応するように、桑田さんは謝罪の言葉を繰り返していた。

負の感情は増幅される一方で、感情は声に変換されて頭の中で反響しているかのようになっていった。

意識はどんどん薄れていく。

（もうダメだ……）

そう思った瞬間、少し楽になったような気がした。

早くこの場から離れようと一歩踏み出した桑田さんの眼前に、生首が浮かんでいた。

豊富な毛量の髭《ひげ》を蓄え、大きな目は見開かれている。

頬《ほほ》に伝う血は、耳からの出血であると想像できた。

『許さん!!』

言葉を発したのだろうか。

衝撃波のような風を受け、桑田さんは尻餅を突く。

そしてそのまま意識を失った。


気がつくと辺りの薄暗さは一層増しているように思えた。

咄嗟に耳塚に向かって謝罪の言葉を残し、その場から立ち去った。

帰りの車中、右頬を熱いものが伝わる感覚があった。

何気なしに手で拭《ぬぐ》うと、赤い色が見える。

すぐさま車を停め、ルームミラーで状態を確認する。

右耳から流れ続ける血は、桑田さんの衣服まで汚していた。

車内に置いてあったティッシュで血を拭き取り、出血場所を確認する。

状況的に右耳付け根の上部からの出血であったはずだが、拭き取ると傷口などは見当たらない。

もちろん、痛みなども一切感じなかった。

念のために病院へ駆け込むべきかと逡巡するが、どうしても耳塚のことが頭を過《よ》ぎる。

すべてを気のせい、見間違いで済ませたい桑田さんは、そのまま自宅へと帰ることにした。

それから二日間は何事もなく過ぎた。

三日目の朝、目が覚めると枕が血まみれになっていた。

今度は左耳からの出血だったようで、耳の周辺や髪が赤く染まっていた。

シャワーで洗い流し、状態の確認をするがやはり異常は見当たらない。

あちこちを触ってみるが、痛みなども残っていない。

(俺がいったい、何したってんだよ……)

気持ちは酷く落ち込んだ。

その日を境に、たびたび耳からの出血を経験するようになる。

痛みを伴わないので、頬に熱いものを感じて気づくか、職場の人や取引先に指摘されることが多かった。

最初は心配されていたが、頻度が増すと距離を置かれるようになっていく。

上司からも医療機関で診察を受けるように勧められた。

原因が耳塚にあることは想像に難《かた》くない。

ただ、対処の方法がわからない。

再度訪れて謝罪で事が済めば問題ないが、悪化する可能性もあった。

桑田さんはそれが恐ろしく思え、なんとかやり過ごすことを望んでいた。

関わりたくないという思いと裏腹に、ある程度のことを把握しておきたくなった桑田さんは、耳塚のことを調べあげる。
そこでシャクシャインの戦いのことを知った。
謀殺され、磔《はりつけ》にされた歴史があったこと。
首謀者扱いされた仲間の耳まで削ぎ落とされたこと。
その無念さを考えると、自然と涙が零れた。
……あのとき、耳塚で見た生首はシャクシャインのものだったのだろうか。
確認する術《すべ》はないが、なんとなくそうだと思ったという。
その日から不思議と耳からの出血がピタリと止んだ。
仕事にも支障がなくなり、もとの生活を取り戻した――ように思えた。

半年程が過ぎたある日の朝、桑田さんは激痛で飛び起きた。
咄嗟《とっさ》に手が反応し、右耳を押さえていた。
熱を伴った痛みに嫌な予感が走る。
したたり落ちる血の量も、これまでとは比べ物にならない。
真っすぐ洗面所に走り、鏡を覗き込んだ。
右耳の上部付け根が少しだけ裂けており、そこから血が溢《あふ》れ出していた。
慌ててタオルで押さえつけて止血しながら、病院へと駆け込んだ。

処置を受け、右耳はガーゼで覆われた。

定時から遅れ出社すると、上司に部署移動の話を持ち掛けられた。

営業から倉庫整理への移動である。

このような状況では仕事に支障を来《きた》す。

取引先にも何かの病気ということで不信感を抱かせかねない。

会社側の言い分はもっともであった。

桑田さんとしては自分の状況を話したい気持ちもあったが、当然理解されるはずもない。

渋々、黙って提案を受け入れた。


さっそく、翌日から倉庫整理の担当となった。

通常ならば引き継ぎや書類整理などの業務が残っているのだが、それすらさせてもらえないのだ。

会社側から腫れもの扱いをされていたことを痛感する。

倉庫整理は実に暇な仕事であった。

先の担当もいることから人手は十分に足りている。

慣れないフォークリフトの運転をする以外は、時間を持て余した。

そんな業務の最中、やはり耳が切れることが増えていった。

右耳だけの日もあれば、両耳の日もある。

その都度病院へ駆け込むわけにもいかず、自ら応急処置をしてやり過ごす日々が続いた。

今度会社に問題扱いされたら首になる。

桑田さんは精神的に追い詰められていった。


部署移動から三ヶ月ほどが過ぎたが、状況は変わらなかった。

何度も切れた耳上部の付け根は、五ミリほどの切れ目ができていた。

一見するとなんでもないが、耳を引っ張ってみるとよくわかる。

いつか耳を失うのではないか。

そんな漠然とした不安を常に抱えるようになっていた。

そんな矢先に事故が起きる。

フォークリフトで荷物を整理していた際、積み上げた箱が崩れ落ちてきた。

桑田さんはフォークリフトとともに、在庫品の下敷きになった。

意識を失い、右耳は半分千切れた状態で病院へ搬送された。

「あのときは、ミスったわけじゃないんですよ」

フォークリフトで荷物を積み上げたとき、急に視界に生首が入った。

忘れもしないあのアイヌ人の顔が、にぃーっと口角を上げた。

その瞬間、荷物は崩れ落ち、意識は薄れていった。

『ま……だ……まだ……』

そう聞こえたような気がするが記憶は曖昧である。

結局、その事故で桑田さんは一ヶ月の入院生活を余儀なくされた。

労災扱いされ費用などは問題なかったが、退院してほどなく馘《くび》を言い渡された。


現在は再就職もままならず、バイトを掛け持ちして生計を立てている。

「それからの変化と言ったら、生首の数が増えたことですかね」

時間や場所を問わず、生首は現れる。

その数は三つに増えていた。

現れた直後には何もなくても、耳が切られている。

そのせいでいくつもバイトを変えた。

両耳には絶えずガーゼが当てがわれる状態になった。

「もういっそのこと、耳塚の前でこの耳を切り落として、投げつけてやろうかとも思っているんですよ」

桑田さんの苦悩は今も続いている。

弘《ひろ》前《さき》城《じょう》

所在地◆青森県弘前市下白銀町（弘前公園内）

築城◆慶長 16 年（1611）

主たる城主◆津軽為信、津軽信枚

アクセス◆【バス】弘前駅から 15 分「市役所前」下車徒歩 4 分

【車】東北自動車道・大鰐弘前 IC から 25 分

天正十八年（一五九〇）、津軽地方の統一を成し遂げた大浦為信が、豊臣秀吉から四万五千石の領地を得る。この時大浦を津軽と改姓する。

慶長五年（一六〇〇）、津軽為信は関ケ原の戦いで東軍に付き、徳川家康よりさらに二千石の加増を受け四万七千石の弘前藩が成立。慶長八年（一六〇三）には徳川幕府の成立とともに高岡（現在の弘前）に新たな町割りを行い、城の築城を計画。

慶長十四年（一六〇九）二代目信枚が、堀越城、大浦城の遺材を転用し急ピッチでの築城を行い、僅か一年と数か月で弘前城が落成。

だが寛永四年（一六二七）、天守の鯱に落雷。五層目から順に燃え広がり、吊されていた鐘が熱で真っ赤に燃え、地下の火薬庫まで焼け落ち大爆発をおこしたと伝えられている。弘前城が爆発した際の火柱は約二十キロ程離れた地点からも見え、飛散物は八キロほど先まで飛んでいったといわれている。

武家諸法度により、天守は再建されず櫓で代用され、弘前城は約二百年も天守がないままの状態が続いていた。

九代藩主寧親が文化七年（一八一〇）、天守櫓移築という名目で幕府の許可を取り、完成したのが現在の天守である。

デッドスポット

高田公太

某市役所勤めの男性から聞いた話だ。

公園には二十四時間体制で警備員が常駐している。人が多い日中はもちろん、夜も公園には人の出入りはあるのだ。不審人物がいるかもしれないし、誰かが倒れているかもしれない。桜の木や、歴史的建築に悪戯《いたずら》をされたら堪《たま》ったものではない。

夜のパトロールは、コースやチェックすべき場所が決められている。

ブランコのある広場。公衆便所。

そして、忘れちゃいけないのは公園内にいくつもある城門だ。

門の破損をチェックするという話ではない。

戦国時代、小山が邪魔で城を攻めるためにはこの門をくぐる必要があったわけだ。

今では観光客、散歩やジョギングをする人々が平和にくぐっている。

公園内の門はそれぞれ仕様が若干違い、中には観音開きした門の裏側が死角になる造りのものがある。開いた門扉の裏、そここそが必ずチェックすべきスポットなのだ。

さて、ここでお話を一つ……。

公園にて。

ある警備員が深夜のパトロールをしていた。

数人の不良少年が徘徊していることもあれば、何を思ったか酔っぱらいがベンチで横たわり一晩を明かそうとしていることもある。

ひと気のない深夜とはいえ、気が抜けない。

特に公衆便所と城門の確認だけは、一際の緊張感がある。

人は、隠れて死のうとする。

いくら自暴自棄になっていても、生きている間のギリギリまで羞恥心があるということなのだろう。迷惑な話だ。

生を終えたあとのことをもう少し考えてくれないだろうか。

生きている自分が、終えたあなたの抜け殻の有無を確認する仕事があるのだ。

頼むから、他所《よそ》でやってくれないだろうか。

公衆便所をチェック。

異常なし。

先日は手首を切った男性の死体があった。

場所柄、警察も救急車も静かにやってきて、静かにいなくなる。

もちろん、新聞には載らない。

公園を担当する緑地課の職員が血を洗い流したそうだ。

本人は本望だろう。お望みの通り誰かの好奇の目に晒されず、事を終えられたわけだ。

城門に近づく。

門扉の裏はまさにデッドスポットだ。

ほとんどの人々は門をくぐったあと、振り返らない。

ましてや、開いた門扉の裏側にある空洞を、わざわざ覗き込もうなどとは到底思わない。

羞恥心はそこに目を付ける。

ああ、ここなら見つからない。

そういうわけで、門扉の裏での自死は絶えない。生命の賛歌とも言える祭りの期間中、何万人もの人がくぐるこの門でそれが行われるとは、まさに皮肉だ。

懐中電灯で照らし、門扉の裏を覗いた。

「あ……」

髪の長い女が俯《うつむ》いて立っていた。

思いつめたような表情だ。

死体がある覚悟はいつもしている。

だが、この対面への覚悟はない。

「あの。どうしました……?」

女は少しだけ顔を上げると、蝋燭《ろうそく》の火が風に吹き飛ばされたかのごとく、消えた。

お城のある公園

高田公太

弘前公園で、毎年盛大な桜祭りが行われている。

伊藤さんは友人たち数名とその祭に赴き、花も団子も楽しんでいた。

「あら、ちょっと失礼」

伊藤さんは、用を足そうと最寄りの公衆便所へ向かった。

見つけた公衆便所の前には、男児が一人、どこかの出店で買ったのであろうプラスチック製の小さな刀を振り回して遊んでいた。

公衆便所の前にもたくさんの人がいた。

男児の保護者は、その辺りにいるのだろう。

つつがなく用を済ませ、外に出た。

男児は相変わらず刀を振り回していた。

そして、男児の横には鎧《よろい》を着たざんばら頭の男が立っていた。

「その刀、儂のだ。返せ」

鎧の男は、一方の手を男児に差し伸べ、そう言った。

子どもは鎧の男の言葉を無視して、遊んでいる。

「なあ、返せ。儂のだ」

男は困り果てたような顔でもう一度言った。

「あんた！」

伊藤さんは鎧の男を制しようと声をあげた。

「儂のだ……」

鎧の男はほとほと疲れたような表情で伊藤さんを一瞥《いちべつ》すると、その場にバタリと倒れ、地中に沈んでいった。

高《たか》崎《さき》城《じょう》

所在地◆群馬県高崎市高松町

築城◆慶長２年（1597）

主たる城主◆井伊直政、酒井家次、安藤重信

アクセス◆【鉄道】高崎駅から徒歩 15 分　【車】関越自動車道・高崎 IC から 15 分

高崎城は、関東に入封した徳川家康が徳川四天王と呼ばれる家臣の一人・井伊直政に命じて築城させた。江戸時代の高崎城は総面積がおよそ五万坪以上もある規模であった。だが、関ケ原の戦い以降は譜代大名の間を城主が目まぐるしく変わっていった。そんななかで安藤家が城主の頃に起きた「徳川忠長幽囚自刃事件」は特筆すべきであろう。徳川忠長は二代将軍秀忠の三男で、三代将軍家光の弟である。母・達子が家光よりも利発だった忠長を溺愛し、将軍後継と目されたこともあった。しかし、家光の乳母の春日局によってその芽が断たれ、代わりに駿河と遠江に五十五万石を与えられる。駿府城を居城として駿河大納言とも呼ばれていたが、家康ゆかりの神聖な山で神獣とされる猿を一二四〇匹も殺したり、その帰途の際に駕籠の担ぎ手の尻を脇差しで刺し、逃げたところを殺害。また鷹狩の際、濡れた薪に火をつけられなかった小姓を手討ちにするなどの乱行を咎められ寛永九年（一六三二）に高崎城に幽閉される。城主重長はしばしば赦免を哀訴したが、翌年忠長は自刃に追い込まれてしまう。享年二十八歳であった。姿は大叔父であった織田信長によく似ていたそうだ。

軍事都市の陰

戸神重明

高崎市の中心街は、安土桃山時代の終わりに井伊直政《いいなおまさ》が高崎城を築き、高崎藩ができて都市化が進んだが、それ以前の地名は〈和田〉と呼ばれ、人口も少なかった。したがって、高崎市の歴史を語るうえで高崎城の存在を外すことはできない。明治維新後、城は取り壊されて陸軍歩兵第十五連隊などの駐屯地へと変わり、昭和の終戦まで高崎は軍事都市となった。

さて、私、戸神の両親は養子の夫婦であった。母方の真の祖母が早世し、真の祖父が再婚することになったとき、母は祖父の妹、つまり私から見ると大叔母夫婦に養女として引き取られた。そこへ父が婿養子に入ったのである。軍人だった真の祖父は、私が子どもの頃にはよく我が家を訪れていたが、生きている間は大伯父と聞かされていたので、死に際に真実を知らされたときには驚いたものだ。

その真の祖父から、幼い頃に聞いた話がある。

現在の高崎城址には浅くて幅の狭い外堀しかないが、かつては二重の内堀があり、本丸を囲む堀は幅二十四メートル、深さ八メートルもあって、有事の際には防御用として機能するものであった。その昔、堀から夜な夜な正体不明の大声が聞こえてきて、「お化けが出る」と騒ぎになった。怖がる者もいたが、剛毅な兵士が声の主を突き止め、捕獲した。その正体はウシガエル（食用蛙）だったので、兵士はそれを自ら調理して食べてしまったという。

残念ながら、内堀か外堀か、正確な場所は聞きそびれた。アメリカからの帰化動物であるウシガエルの鳴き声は、昔の日本人に〈お化け〉を連想させたらしい。ちなみにウシガエルが初めて日本に入ってきたのは、大正七年（一九一八）とされている。そうだとすると、この話は大正時代の後半から昭和の戦中までのことと推察できる。

終戦後、駐屯地は市役所や保健所、国立病院（現在の高崎総合医療センター）などの官庁街へと変わった。群馬音楽センターや市立の第二中学校と第三中学校も造られた。二つの中学校はかなり以前に併合されて場所も北寄りに移され、高松中学校と名を変えている。

現存していないので書いてしまうが、第二中学校時代の卒業生の中には、「夕方、部活から帰るときに、暗い校舎の窓際に軍服を着た男の人が立っているのを見たことがあるんです。ドアや窓に全部鍵が掛けられて、誰も入れないときのことでした」

と、証言する女性もいる。

ここからはYさんの体験談を紹介したい。彼女は高崎市郊外から官庁街にある職場へ電車と徒歩で通勤している。

平成十八年（二〇〇六）、秋のこと。友人が出産したので、Yさんは仕事を終えてから、入院先の産婦人科病院へ見舞いに行った。Yさんは見舞いを終えると、病院を出てJR高崎駅まで歩くことにした。その道筋は熟知している。まだ日没前のことで空は明るかった。

ところが、歩くうちに異変を感じた。本来なら十分あまりで駅に着くはずなのだが、この日はいくら歩いてもなかなか着かない。病院を出てから二十分が過ぎ、三十分近く経って、すっかり日が暮れてしまった。

道をまちがえたわけではない。知った道を歩いているのに、なぜか同じ景色が繰り返し現れて、行けども行けども高崎駅が見えてこないのである。

（変だなぁ。どうしちゃったのかしら……？）

焦《あせ》りながら歩いていると、十字路の青信号が点滅している。慌てて渡れば、見覚えのあるビルの前に出た。高崎駅西口から少し離れた場所に建つビルであった。どうしてこんな所に来たのか、と不可解に思いつつ、方向転換して高崎駅へ向かう。やっと駅の西口に到着した。

数日後、Yさんは職場で女性の同僚に、この出来事を話してみたという。

「まあず、狐に抓《つま》まれたみたたかったんよう」

「そりゃあ、狐じゃないよ。きっと、河童の仕業よ」

「河童ぁ……？」

その同僚も電車と徒歩で通勤しているのだが、同じように職場から高崎駅へ向かうつもりが例のビルの前まで行ってしまったことがあるそうだ。数年前の晩秋、残業をした彼女は一人で高崎駅西口へ向かって夜道を歩いていた。長い一本道が駅まで続いている。だが、どういうわけか途中で急に記憶がなくなって、我に返ると、例のビルの前に立っていた。

カッカッカッカッ……。

アマガエルの鳴き声に似た音が聞こえてくる。けれども、野生の蛙は冬眠に入った時季なので、不審に思っていると――。

近くの空中に突然、奇妙な顔が現れた。ビルの窓から漏れる灯りが、緑色の肌や大きな丸い目、尖った嘴《くちばし》を浮き彫りにする。頭の皿は確認できなかったが、ひと目で河童とわかる風貌であった。それが一メートルほど上からこちらを見下ろしていたので、同僚は貧血を起こさんばかりに驚いて逃げ出した。走りながら振り返ると、河童の顔は消えていたそうである。

「こんな話、誰も信じてくんないだろうと思って、今まで黙ってたんさぁ」

同僚はようやく話せる相手が見つかって嬉しかったのか、目を輝かせていた。

現在の高崎駅周辺は、市内でもっとも栄えている地域だが、明治時代までは田畑が広がる農村であった。河童の出現は、その名残かもしれない。ただし、目撃情報はこの一件のみである。

Yさんは高崎市郊外を流れる井野川の近くで生まれ育った。彼女は中学生の頃、夜間にエレクトーン教室へ通っていた。自転車に乗って必ず通る井野川近くの細い道沿いに、松の大木が生えた小さな墓地があり、隣にコンクリート製の倉庫があった。Yさんには、そこだけ空気が湿っているように感じられたという。急に寒気が背中を駆け抜けることもあった。

（いつ通っても気持ち悪い。嫌な場所ね……）

常に急いでそこを通過するようにしていたのだが……。

満月の夜、Yさんが帰宅する途中のことである。

月光が冴え渡って、夜道を昼間のように明るく照らしていた。松の大木の下に男が一人立っている。映画やドラマで見たことのある軍服らしき衣服を着て、軍帽を被っていた。

（あらヤダ、変な人がいる！）

Yさんは速やかにそこを通り抜けようとした。だが、その前に軍服姿の男は宙に浮かび上がり、松の枝の上に立ったかと思うと、一瞬のちには姿を消してしまった。

酷く狼狽したYさんは、自転車のペダルを懸命に漕いで自宅へ逃げ帰った。家族に事情を伝えると、母親が「ああ、あそこはね……」と、こんな話をしたそうだ。

高崎城址が陸軍歩兵第十五連隊などの駐屯地であったことはすでに述べた。戦前戦中は現代と違って、男子たるものは出征し、日本のために戦うことが必須とされていた。とはいえ、徴集された兵士の中には戦場へ行きたくない者も少なからず存在した。ましてや軍隊では、上官からの暴力も日常茶飯事である。我慢できずに脱走する若い兵士が多かったらしい。

山村出身の脱走兵たちは、故郷を目指して赤城山《あかぎやま》や榛名山《はるなさん》、子持山《こもちやま》などの遠景が望めるこの地まで逃げてきたが、当時は井野川に橋が架かっていなかったので渡河できず、追っ手に捕まってしまった。そして即座に銃殺されたのが、件《くだん》の場所なのだという。

Yさんは、そこを通るのがますます嫌になってしまったそうだ。

ただし、今回、銃殺がそこで行われたとされる記録は見つけることができなかった。戦地で敵前逃亡した兵士が銃殺されることは多かったといわれているが、戦地にならなかった日本本土では、捕縛されても禁固による罰を与えられる程度で済んだものと思われる。

その代わり、激戦地へ送り込まれたのではないだろうか。第二次世界大戦では陸軍歩兵第十五連隊のうち、第二大隊、第三大隊がパラオ諸島のペリリュー島で全滅している。脱走歴のある兵士たちも、最前線に駆り出されて戦死したことであろう。彼らが追っ手に捕まったとき、無念の思いで故郷の雄大な山々を見上げたのが、件の場所だったのかもしれない。

書物などからは窺《うかが》い知ることができない、軍事都市高崎の裏話である。

参考文献　『帝国陸軍 高崎連隊の近代史 下巻』前澤哲也 著（雄山閣）

箕《み》輪《わ》城《じょう》

所在地◆群馬県高崎市箕郷町東明屋

築城◆永正９年（1512）

主たる城主◆長野業正、内藤昌月、滝川一益、北条氏邦、井伊直政

アクセス◆【バス】高崎駅から 30 分「城山入口」下車徒歩 15 分

【車】関越自動車道・高崎 IC、前橋 IC から 30 分

箕輪城は、戦国時代中期に関東管領山内上杉氏の重臣長野氏によって築かれ、城好き、歴史好きには、武田信玄を何度も退けた頑固武将「長野業正」の難攻不落の城としても有名である。業正は臨終に際し「我が葬儀は不要である。菩提寺の長年寺に埋め捨てよ。弔いには墓前に敵兵の首をひとつでも多く並べよ。決して降伏するべからず。力尽きなば、城を枕に討ち死にせよ。これこそ孝徳と心得るべし」と伝え、その死はしばらく隠された。だが業正の死を知った武田信玄の猛攻と謀略によりついに城は落ちてしまう。武田氏に奪われてからは有力家臣の甘利昌忠、真田幸隆や内藤昌豊らが城主を務めた。さらに武田氏滅亡後は滝川一益の居城となり「本能寺の変」後には北条氏の城となった。その北条氏も豊臣秀吉によって滅ぼされ、徳川家康が関東に入封すると箕輪城は井伊直政に与えられた。八年後の慶長三年（一五九八）、直政は高崎に移り、箕輪城は廃城となった。

見どころはなんといっても、広大な土塁群と巨大な堀切。

例年十月最終日曜には「箕輪城まつり」が開催され、手製の甲冑に身を包んだ市民が城下を練り歩くほか戦国時代さながらの箕輪城攻防戦が演じられる。

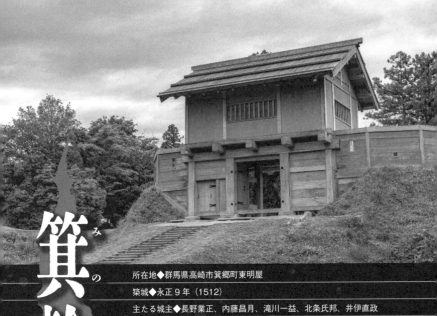

箕輪城と木部姫

戸神重明

旧群馬郡箕郷町《みさとまち》は平成の大合併で高崎市の一部となった。以前は田んぼや桑畑が多かったが、近年は住宅地がかなり増えた印象がある。それでも郊外には違いない。しかし、戦国時代には長野氏が築いた強大な箕輪城が存在した。

戦国時代の上野国《こうずけのくに》（現在の群馬県）には有力な大名がおらず、上杉《うえすぎ》、武田《たけだ》、北条《ほうじょう》の三氏が争う戦場に過ぎなかったとされている。私自身も、

「だから群馬の歴史はつまらない。ヒーローは南北朝時代の新田義貞《にったよしさだ》だけ。それも悲劇のヒーローだ。ましてや戦国時代になると、まったく面白くない」

と、公言してきた。

けれども最近、地元の歴史に詳しい方々と交流する機会ができて、箕輪城主の長野業政《ながのなりまさ》（業正）、業盛《なりもり》の父子は人気が高いことを知った。彼らも大名ではなく、国衆なのだが、父親の業政は近隣の国衆を統率して、上杉謙信《けんしん》の援軍があったとはいえ、武田信玄《しんげん》による上野侵攻を退けること四度（六度説もある）に及び、

「業政がいる限り、上野を攻め取ることはできぬ」

と、信玄を嘆かせたという。

だが、業政が七十一歳で病没すると、謙信の支援もなくなり、息子の業盛は武田軍に攻め込まれ、落城して弱冠十九歳（二十三歳説もある）で自刃している。

その後、箕輪城は城主や城代が何名も入れ替わったが、関ケ原の戦いの前に徳川家康《とくがわいえやす》の家臣である井伊直政の居城となった。現存する箕輪城跡の遺構は、直政によって改造されたものである。もっとも、当時の箕輪は栄えていたが、徳川家康の命により、江戸に近い高崎へ城を移すことになった。箕輪城は廃城となり、意図的に破壊されている。

城下町も高崎へ移され、現在の高崎市街地の形成へと繋《つな》がってゆく。その一方で箕輪（現在の箕郷町）は僻地となってしまった。ただし、日本百名城に箕輪城と太田市の金山城は選ばれているが、高崎城は選ばれていない。箕輪城が立派な城だったことが想像できる。

さて、箕輪城には本丸の奥にある御前曲輪に大きな古井戸があり、中から大量の墓石が発見されたことから、その周辺で怪異が起こるとの噂がある。箕輪城語り部の会の会員で、「高崎怪談会」にも出演して下さった歌手の吉田知絵美（文月輝夜）さんに訊いてみたところ、

「他に誰もいないのに、人の声や足音が聞こえたことはあります。でも、その程度ですね」

と、事もなげに笑う。

私は吉田さんに案内してもらい、城跡を見学した際に、井戸や周辺の映像が欲しいと思った。このときは他にも長野氏家臣の子孫にあたる方など、数名の同行者がいたので、皆に避けてもらい、スマートフォンのカメラで動画を撮影した。ところが、一度映像を確認して、翌日、再び見ようとすると、それがなくなっていた。皆に協力してもらっていたので、破棄するはずがないのだ。これには少々驚いたが、やはり小ネタである。

同じ日に吉田さんの案内で、なりもりぼえん（伝箕輪城主長野業盛の墓）にも行った。そこは箕輪城跡よりも南東の高崎市井出町《いでまち》にある。井野川沿いののどかな場所で、駐車場付きの墓地は綺麗に清掃されていた。しかし、甲斐《かい》の武田家に対して激烈な怨みを抱きながら自刃した長野業盛の墓には、いくつか怪談が伝わっているという。

一、墓地を撮影したところ、画面全体が血で染まったように真っ赤な写真が撮れた。カメラのレンズを手で塞いでしまうと、赤い写真が撮れることがあるが、そうではなかった。

二、〈見える人〉が行くと、頭痛に襲われ、気分が悪くなることがある。吉田さんもたまにあるそうだ。

三、昭和の戦時中、墓地内に防空壕を掘った人がいた。その人は爆撃を受けたわけでもないのに石が落ちてきて逃げ出せず、生き埋めになって死亡した、といわれている。

四、墓地は南西に向けて建てられている。甲斐（山梨県）の方角だ。ここに水を撒くための柄杓を置いておくと、独りでに南西を向いている。動かしても、必ず同じ方角を向いてしまう。武田氏は滅んだが、今でも甲斐への激しい怨念を発し続けているらしい。

五、墓石の上部にある丸い石が、外れて落ちたことがある。修復したところ、その作業をした人が重い病に罹ってしまった。

といったところで、体験談というよりも伝承か、〈田舎伝説〉に近い話が多いようだ。

とはいえ、これらの話は江戸時代の書物『耳嚢《みみぶくろ》』の「神祟なきとも難申事」に描かれている新田義興《よしおき》の祟りを連想させる。義興は太田市出身とされる新田義貞の次男で、南北朝時代の南朝方の武将だったが、武蔵国多摩川の矢口渡《やぐちのわたし》（現在の東京都大田区矢口）で北朝方の謀略に嵌《は》められた。乗っていた船の底に穴を開けられ、川の両岸から夥《おびただ》しい数の矢を射掛けられるなか、腹を切って「七度生まれ変わっても怨みを晴らさん！」と叫び、腸《はらわた》を引き摺り出して両岸へ向かって投げ、絶命したという。

江戸時代になって、その義興の墳墓に茂っていた薬草を採集した少年が、その夜、「よくも我が住まいの草を採ったな！　憎いことよ！」と狂ったように叫んで暴れ出した。驚駭した家内の者たちが薬草を墳墓に戻すと、たちまち少年はおとなしくなった。激しい怨みを抱いて死んだ義興は、祟り神なので草を採っただけでも災いを齎《もたら》す、という内容である。

なお、父親の新田義貞に関連した話は、私も既刊の『高崎怪談会　東国百奇譚』で「新田義貞の呪」を書いているので、未読の方は読んでいただけると嬉しい。

それはさておき、箕輪城の長野氏に話を戻そう。

長野業政の四女は高崎市木部町《きべまち》に居城を持つ木部範虎《のりとら》に嫁いだ。そのため木部姫と呼ばれているが、本名は伝わっていない。業政の死後に木部城は武田軍に攻め落とされ、範虎は箕輪城へ逃れる。だが、新たな当主となった長野業盛が武田軍に敗れて自刃すると、木部氏は武田氏の配下となる。木部範虎は、武田勝頼《かつより》が自刃した天目山《てんもくざん》の戦いで戦死した。

妻の木部姫は早世している。箕輪城が武田軍に攻め立てられたときに榛名山へ逃れたが、落城の知らせを受けて「生き恥は晒すまい」と榛名湖に入水し、自死を遂げたという。実際にはこのとき木部範虎は死んでおらず、誤報だったのだが……。

木部姫は入水後に龍になったとも、大蛇になったとも語り伝えられている。一緒に入水した腰元はサワガニになったそうだ。それにまつわる話をしよう。

釣りを趣味にしている女性Lさんが、夫と榛名湖でボートに乗ってルアー釣りをしていたときのこと。

近くでボートを漕いでいた観光客の男女が騒いでいる。何事かとそちらを眺めていると、男性が大きな声で言った。

「でっかい蛇が泳いでますよ！」

Lさんたちは興味を覚えてボートを近づけてみた。そして水中に目をやって、息を呑んだ。

確かに、巨大な灰色の蛇が身をくねらせて泳いでいる。長さは三メートル余りもありそうで、胴は平均的な成人男性の太腿くらいの太さがあった。

「あっ！　ほんと！　あれ、何⁉」

Lさんも夫も蛇は見慣れていたが、動物園で飼われている外国産の蛇を除けば、これほどの大蛇を目にするのは初めてであった。それにヤマカガシなどが水上を滑るように泳いで移動する光景はよく目にするけれども、長く潜水している姿は見たことがない。この大蛇は魚のように頭部を終始水中に潜らせていて、呼吸をしに浮上してくることはなかった。攻撃してくる気配はないので観察していると、一分間ほど水面下でとぐろを巻くようにゆっくりと縦横に回転していた。それから深みへ潜ってゆき、姿を消した。榛名湖にはウナギが生息しており、外来魚も多いものの、鰭《ひれ》が見当たらず、魚ではないようだったという。

Lさんは、UMA（未確認動物）ではないか、と言うのだが、観光客が多く、最深部で水深十四メートル余りと、湖としてはさほど深くない榛名湖に、未知の巨大生物が生息しているとは思えない。また、海外には水中生活に適応したミズヘビ科の蛇がいるが、体長は大きな種でも一・五メートルほどなので、海外から持ち込まれた野良蛇でもなさそうである。木部姫が死後に変化した大蛇で、霊と考えるのが妥当なのかもしれない。

他にも「国定の家」「世界一の神社」に登場した女性Fさんが、こんな体験をしている。

榛名湖では、群馬県内の多くの中学生が高原学校、もしくは林間学校として、湖畔の宿泊施設に寝泊まりする。Fさんもそうであった。昼間にはカッター（大型の手漕ぎボート）を生徒全員で漕ぐ授業が行われる。

その際にFさんは、中学校か高校の制服を着た少女たちの姿を目にしていた。七、八名はいて、ほとんどが湖畔のミズナラ林や草地の中に立っている。生気が感じられないので、生きた人間ではないことがわかった。自殺か事故で亡くなったのか、皆、無表情でぼんやりとしており、どこか寂しそうに見える。怖くはないので、気にしないようにしていた。

ただ、湖の中央付近に、沈むことなく佇む娘が一名いた。セーラー服を着ており、髪が長くて大人びて見えるので中学生ではなく、高校生らしい。真っ青な顔をしていて、眼光が鋭かった。激しく怒っているのか、殺気が漲《みなぎ》っていて、その娘だけは怖かったそうだ。

「あの子にだけは近づいちゃ駄目だと思いました。うちの子が林間学校へ行くときは、気をつけるように言わないと……」

とのことである。

確かに、榛名湖には女の姿をした山の神がいて、人間の女性を嫌っており、少しでも自殺願望のある女性が湖畔に近づくと、長い髪を巻きつけて水中に引き摺り込み、殺してしまう、という伝説もあるらしい。

前述した木部姫が何歳で入水したのか、記録がないので定かでないが、兄弟の長野業盛が十九歳で自刃していることから、妹だとすれば十代後半の娘だった可能性もあるだろう。

そして〈見える人たち〉の中には、『霊が見えるときは、まず気配を感じる。それを脳が映像化する感じ。だから霊が見えたからといって、本当にその姿をしているとは限らない』と自己分析する方々もいる。ひょっとすると、Fさんが、湖上の中央付近に佇んでいる、と証言したセーラー服姿の娘が、じつは木部姫その人なのかもしれない。

参考文献　『耳嚢（中）』根岸鎮衛 著、長谷川強 校注（岩波文庫）
『長野業政と箕輪城』久保田順一 著（戎光祥出版）
『―ぐんま謎学の旅―民話と伝説の舞台』小暮淳 著（ライフケア群栄　ちいきしんぶん）

金山城《かなやまじょう》

所在地◆群馬県太田市金山町

築城◆文明元年（1469）

主たる城主◆岩松家純、由良成繁、高山定重

アクセス◆【鉄道】太田駅から徒歩 50 分

【車】北関東自動車道・太田桐生 IC から 10 分

別名：新田金山城。戦国期には関東七名城の一つとされていた金山城。新田氏の一族である岩松家純によって応仁の乱の後、文明元年（一四六九）に築城された。一般的な城郭とは違い、尾根を中心に標高二三九メートルの金山を利用した山城であることが特徴。これを堀切・土塁などで固く守った、戦国時代に難航不落を誇った山城である。石垣や石敷きが多用されていることで、従来、戦国時代の関東の山城に本格的な石垣はないとされた定説が金山城跡の発掘調査で覆された。新田氏は北条氏の関東進出によりその傘下に入ったが、天正十八年（一五九〇）北条氏の滅亡により無血開城して廃城となる。かつて本丸があった場所には新田神社が建っており、それ以外の場所も復元作業により石垣や日ノ池、月ノ池が往時の様子を伝えている。大きな方の池の日ノ池の発掘調査では、池の底から十世紀頃に作られた土馬が確認されている。土馬は雨乞いの祭祀で使用されていたことから、日の池は神聖な儀式を行う場所だったと考えられている。

火山灰でできた関東ローム層（赤土）は、水はけが悪くツルツルと滑りやすい地質である。そのため、金山城のような関東ローム層でできた城は攻めにくいと言われている。

太田の迷い道

川奈まり子

群馬県南部の太田市周辺は関東平野の端に位置し、古代遺跡や古墳群の存在が示す通り、早くから人の手で拓《ひら》かれた。室町時代には新田義重《よししげ》が荘園・新田荘を立券し、そのことから昔は新田郡と呼ばれた地域である。今や日本有数の工業都市だが、郊外には豊かな自然と田園が織りなす美しい景色が広がっている。

現在四十歳の美咲さんの祖父が太田市に居を構えたのは、まだここが新田郡と呼ばれていた時分だった。若い頃に富山鉱山で財を成し、その資産を元手に、当時、富士重工などの企業城下町として発展著しかった旧新田郡で、総合建築会社を興したのである。

全盛期には北関東一帯で大型のビルを手懸けるほど権勢を振るった。しかし、バブル景気の折にゴルフ場開発に手を出して失敗し、九十年代半ばに倒産した。

昔の実業家によくあることだが、彼も羽振りの良かった頃にはヤクザと付き合いがあった。不渡りを二度も出して会社を潰してからは裏社会とも繋がりが切れたけれど、筋モノふうの厳つい外見と粗暴な言動が直らず、金の切れ目が縁のなんとやらで晩年は人が離れた。

妻と孫の美咲さんを除いては、家族からも疎《うと》んじられる始末だった。

美咲さんは祖父を慕《した》っていた。それというのも、数ある孫のなか、美咲さんだけが特別に祖父に可愛がられてきたからだ。彼女が最後に出来た孫娘で、金と力を欲しいままにしていた頃の彼を知らなかったせいかもしれない。

一方、祖母は貧しい農家の出で、昭和一桁の生まれにしても珍しく完全な非識字者であった。

祖父は「拾ってやった」「貰ってやった」と言い放ってこき使っていたが、祖母はいつも朗らかに応じた。祖父に呼ばれると飛んでいって世話をし、倹約したうえで家事の合間の畑仕事で蓄財に励み、祖父の会社が倒産した前後には数千万円ものヘソクリを差し出した。

「女が遅くまで寝てるもんじゃねえ」と「もったいねえ」というのが口癖で、夜明け前に起きて畑に出るのが日課だった。

美咲さんが十九歳になった年の五月の朝に、祖父は祖母の腕の中で死んだ。享年七十二。

心筋梗塞で、明け方、苦悶しながら祖母の名を叫んだが、もう手遅れだった。

祖父が逝くと、祖母は美咲さんの家を三日にあけず訪ねるようになった。ところが来るたびに畑で採れた野菜を大量に置いていくので、食べきれずに持て余すようになり、母が迷惑顔を隠さなくなった。祖母は他の親戚にも何くれとお節介をして、次第に敬遠されだした。

仕える人を喪《うしな》って時間を持て余したのだろう。寂しそうなそぶりは見せなかったが、美咲さんは祖母のために胸を痛めた。

そこで、独りぼっちになってしまった祖母のもとに日参して、家事や畑仕事を手伝うことにした。祖母は彼女を歓迎した。

ちょうどその頃、両親、ことに母親と不仲だった美咲さんは、週の大半を祖母の家に泊まり込んで過ごすようになった。半ば同居しているようなものだ。自分の車を祖母の家の庭先に停めて通学しはじめると、週一度の帰宅が二週に一度になり、実家がどんどん遠のいた。


当時、美咲さんは埼玉県大宮市のビジネス専門学校に通っていた。

専門学校は、どこも課題提出が多くて、怠ける暇がないものだ。それだけに、彼女も長期休暇を心待ちにしていた。とはいえ旅行などは計画しておらず、夏休みが始まっても、これまでと変わらず祖母と過ごすだけと思われたのだが……。

八月に入っても美咲さんと祖母の暮らしは相変わらずであった。西瓜やトマトを収穫し、二人きりで祖父の初盆を迎えた。

そんな盆の最中のある日、専門学校の同級生から肝試しに誘われた。

「心霊スポット巡りをしようよ。そっちのほうが田舎だから怖い場所があるんじゃない？」

同級生は、みんな東京都内か埼玉に住んでいた。群馬の片田舎から通っているのは同じ学年には美咲さんだけで、田舎と言われても本当のことだから腹も立たなかった。

むしろ「太田市ってどんなところ？　行ってみたいな」などと言われると嬉しくて、心霊スポットなんて知りもしないのに、案内を安請け合いしてしまった。

オカルトマニアならいざ知らず、普通の子だった彼女が小耳に挟んだことがある近所の怖い場所はたった二ヶ所。

昭和時代に流行《はや》った巨大迷路の跡と、廃墟になったラブホテルだけだった。

熱帯夜の宵の口に、男子学生が運転する中古の小型車が迎えに来て、彼女を入れて女二人、男三人の計五人で乗り合わせて出発した。

快適な乗り心地とはほど遠かった。助手席に彼女が乗ると、後部座席に三人がぎゅう詰め。おまけに、走りだして間もなく、これが路面の凸凹に合わせてヘッドライトが点いたり消えたりするオンボロカーであることが判明した。冷房の効きもイマイチだ。

こんなことなら自分の車を出したほうがマシだったと後悔しても、あとの祭り。

打ち捨てられて久しい昭和の巨大迷路と廃墟化した元ラブホテルを順繰りに訪ねた。

懐中電灯で照らしながら探検したが、怪奇現象など滅多に起きるものではない。

「ムシムシ暑いばっかりで、なんにも出ないじゃん！」

小一時間もうろうろすると、苦情が上がった。

「蚊がいる！」と騒ぐやつもいた。この都会っ子め、と美咲さんは腹の中で毒づきながらも、遠路はるばる来てもらって収穫ゼロで帰らせてはいけない、と焦った。

家族仲が悪い彼女にとって、友人は貴重だ。

——オバケじゃないと駄目なのかな？

じつは、いわゆる幽霊なんかより、生きた人間のほうが怖いと日頃から思っていたのだ。

たとえば、市内にある古い精神病院が幼い頃から怖かった。

建物の外まで響く叫び声。周辺を徘徊している脱走患者たち。病院のスタッフに連れられておとなしく散歩している患者も、なんの罪もないことはわかっていても、独り言を呟いていたりあらぬほうに視線をさまよわせていたりと普通ではないようすで、見かけるたびに背筋が冷たくなった。

「近くに脱走患者が多くて怖がられてる精神病院があるんだけど、そこはどうかな？」

遠慮がちに提案してみたところ、誰も反対しなかった。

「いいんじゃない？」「他にないなら、とりあえず行ってみようよ」

その精神病院は、昔からある児童遊戯場と、ほぼ隣り合って建っていた。小学生の頃まで は、その遊技場をたまに訪れたものだった。祖父母に連れてきてもらったこともある。

雨天でも室内で子どもたちが遊べる広いホールを備えた建物に、サイクリング場が併設されていた。庭を走る小型機関車に最後に乗ったのは十年ほど前のことだろうか……。

「次の角を左に曲がると、大きな児童遊戯場があるの。精神病院はそのそばだよ」

ところが、左折して大通りを逸れてしばらく行くうちに、周囲のようすに異変が起きた。

「なんだぁ?」と運転していた男子が上ずった声をあげた。

「道路が舗装されてないぞ!」

いつの間にか土の道を走っていたのだ。五人一斉にざわついたそのとき、今度はふっつりと辺りが暗くなった。……いっぺんに街灯が消えたのである。

車のヘッドライトをハイビームにすると、闇に向かって真っ直ぐに延びる一本道が照らしだされた。大通りから入ったときは二車線の道路だったのに、普通自動車がようやっと通れるぐらいの細い道に変わっている。泥だらけの道の左右は田畑のようで、遠くに家のシルエットが見えた。人家があることに幾分ホッとしたのも束の間、すぐにそれが茅葺《かやぶ》き屋根の古民家であること、そして一つも明かりが灯っていないことに気づいてしまった。

「引き返そう!」と誰かが震え声で言った。

しかし道幅が足りず、無理にUターンして、うっかり道端の田んぼに落ちたらどうしようもないと思われた。とりあえず車を停め、懐中電灯を持って全員降りた。

遥か遠くで丘陵のシルエットが群青色の空を切り取っている。高い建物は一つも無い。

天を仰《あお》いだが月も星も見えず、青黒い夜の色がのっぺりと一面に広がっているだけだ。

「……虫が鳴いてないね」

恐ろしそうに友人が呟き、美咲さんも耳を澄ましてみた。

――五人の息遣いと衣擦れしか聴こえなかった。

地元の友だちに連絡を取ることを思いついたが、携帯電話は圏外になっていた。他の子たちの携帯電話も同様だった。

「おい！　地元民、頼むよ！　どうやって帰ればいいんだよ！」

「そんなこと言われたって、私もどうしたらいいかわからないよ。こんなはずじゃないんだから！」

もう一人の女子が半泣きで「私、怖い！」と叫んだ。「もうイヤ！　早く行こう！」

道に立っていると、周囲から闇が迫ってくるような気がした。示し合わせたわけではないのに、みんな同時に再び車に乗り込むと、ハンドルを握った男子がエンジンを掛けた。

彼は無言でアクセルを踏んだ。車は暗い道を前進しはじめたが、誰も否を唱えない。

みんなして固唾《かたず》を呑んで前方を見守った。

そのまま十分ほど車を走らせた。すると道の右奥からニューッと山が現れてきた。

山頂から天守閣の影が突き出している。近づくにつれ、山肌を覆うアカマツや高い石垣が見てとれるようになった。「……お城だ」と美咲さんは思わず呟いた。

「なんというお城なの？」と訊かれたが、彼女は答えられなかった。知らなかったのだ。

「石垣の間に階段があるぞ！　天辺まで上ったら、ここがどこかわかるんじゃない？」

「こんな夜中に？　危ないよ！　もしも足を踏み外して怪我でもしたら大変だよ？」

石垣沿いに徐行していると、どこかで車のクラクションが鳴った。驚いて停止した一瞬後、目の前に円い光が二つ現れた。怪物の眼……ではなくて、車のヘッドライトだった。

車は、ゆっくりとこちらに近づいてきた。白いセダンのようだ。

それは、美咲さんたちの十五メートルほど手前で、不思議なほど滑らかに右旋回した。完全に後ろを向くと、緩慢な速度で走りはじめる。

――ついて来いってこと？

他の四人も、美咲さんと同じように感じたようだった。

白い車に誘導されて道を進むうちに、正面が次第に明るんできた。

ぽつりぽつりと遠くから順繰りに街灯が点きだして、道幅が広がり、アスファルトの舗装が現れ、センターラインがヘッドライトを白く反射しはじめた。

街の喧騒が潮騒《しおさい》のように押し寄せたと思ったら、大通りに突き当たっていた。

道を折れていってしまったのだろうか。ここに先導してくれた白い車が消えていた。

「さっきのシーマのおかげで助かったな！」

と、運転席の男子が話しかけてきた。

「シーマだった？」と美咲さんは胸をざわつかせながら訊き返した。

——晩年の祖父は、日産のシーマに乗っていた。車体は白く、型落ちしていた。

「うん。少し古そうだったけど、日産のシーマで間違いない」

美咲さんは、そのときの涙の理由を誰にも言わなかった。


朝焼けが遠い山肌を茜色に染めあげる頃、祖母の家に着いた。

ただいまの挨拶もそこそこに「お線香をあげさせて」と言ったら、何があったか話していないのに、祖母は真剣な表情で美咲さんの顔に強い視線を当てて、

「早くあげろ。祖父《じい》ちゃんに、ようくお礼しろよ」と言った。

その祖母も、五年前に鬼籍に入った。

美咲さんは数年前に結婚して、お連れ合いと仲睦まじく暮らしている。夫にこの話をしたところ、わざわざ地図を調べて、これと思われる城跡を見つけてくれたそうである。

金山城跡という、太田市の中央に聳《そび》える金山の山頂に築かれた山城の跡がそれだ。

室町時代後期に築城され、安土桃山時代中期に落城した。天守閣は残っていないが、石垣が現存している。新田氏が築城したことから、新田金山城と呼ばれることもある。

——あの夜、美咲さんたちは十六世紀にタイムスリップしたのだろうか。

久《く》留《る》里《り》城《じょう》

所在地◆千葉県君津市久留里字内山

築城◆康正２年（1456）

主たる城主◆武田信長、里見義堯、土屋忠直、黒田直純

アクセス◆【鉄道】久留里駅から徒歩 30 分【車】圏央道・木更津東 IC から 20 分

別名「雨城」と呼ばれている。「城の完成後、三日に一度、二十一回雨が降った」とか「この山にはよく霧がかかり、遠くから見ると雨が降っているように見え、城の姿が隠し覆われ敵の攻撃を受けにくかった」ともいわれているからである。

久留里城の起源については「平安時代中期の猛将平将門の三男、東少輔頼胤が初めてこの地に砦を構えた」と伝えられているが、確証はなく伝説と考えられている。実際には室町時代に上総武田氏の武田信長によって築かれた山城（古久留里城）で、以降は信長の子孫である真里谷氏が支配した。戦国時代には真里谷氏は衰え、代わって里見氏の支配となり、再構築され（新久留里城）、佐貫城と共に対北条氏の最前線を担った。その後、江戸時代には久留里藩の藩庁として再整備され、酒井氏の加増地となった十七世紀末から十八世紀半ばを除いて、近世城郭として明治維新まで維持された。

山麓の居館部は一部を除き開発により消滅したが、山上の遺構は比較的よく残り、天守台等の他、堀切や土塁等の中世里見氏時代の遺構も見られる。また、山上は湧水が豊富で、男井戸・女井戸、お玉が池を始めとする、複数の水源が現在でも水を湛えている。

白い女

川奈まり子

残暑の頃のある日、トランペット奏者の博志さんは、千葉県南部の久留里城址で音楽関係の知人と待ち合わせをした。楽譜を貸す約束をしたのだが、それが貴重な物なので、宅配便で送るのは不安だった。また知人の妻が神経質な人で、自宅に他人が来ることを極度に嫌った。そして、その家というのが、久留里城址の付近にあったのである。

博志さんは東京郊外に住んでいる。せっかく一時間半もかけて行くのだから、名所旧跡をついでに見物するつもりで、城跡の駐車場を待ち合わせ場所に指定したのだが……。

午前中は晴れていたのに、約束の午後二時に到着すると、折しも小雨が降りだした。

それで、城跡を見物する気が削がれた――ここから天守閣までしばらく山登りしなければならないのだから、いずれにせよ、もっと涼しくなってからのほうが快適だろう。楽譜を返してもらうときに、また来ればいい――。

そんなことを考えながら知人を待っていると、後ろのほうに白いワゴン車が停まった。

知人の車だと思った。しかし、車から降りてきたのは三人の女だった。

三人とも純白の半袖ワンピースを着て、日傘のような白いレースの傘を差している。

粒の細かい小雨が降りしきるなか、彼女たちは、うっすらと発光しているように感じられた。

見ていたら、三百メートルほど離れた駐車場の端に移動して井戸端会議を始めた。なぜあんなところで、と思いながらルームミラーを見ると、白いワゴン車が見当たらない。

そのとき助手席側の窓がコツコツと叩かれた。振り向くと件の知人の顔があった。

助手席のドアを開けると、傘を畳んで乗り込んできながら「近いから歩いてきた。待たせちゃってごめん」と言い、すぐにバタンとドアを閉めた。

すると、助手席の窓の外に、近々と、さっきの白い女たちが静かに佇んでいた。

「……僕もう帰らなくちゃ。悪いね！　はい、これ約束の楽譜！」

楽譜を入れたケースを胸に押し付けるように渡して、知人を車から降ろした。

三人の女は、まだそこに立っていた。傘の陰で顔が隠れているが、こちらを睨みつけているような気配が伝わる。だが知人は彼女らを感知していないかのように振る舞った。

三人の前に立って、「気をつけて！　また来てね！」と彼に明るく手を振ってくれた。

——走りだしたとたんに雨足が早くなった。城跡から離れて県道に出るとき、またルームミラーを見たら、後部座席に座る白い服を着た若い女が映っており、鏡越しに目が合った。

息を呑んでブレーキを踏んだその瞬間、沿道から猪が飛び出して、目の前を走り抜けていった。

路肩に停め、雨の中に飛び出して車を振り返ると、後部座席には誰の姿もなかった。

天使とドライブ

川奈まり子

博志さんは久留里城址からの帰り道で、突然、後部座席に白いワンピースを着た女が現れたので驚愕してブレーキを踏んだ。途端に脇から猪が車の鼻先を駆け抜けていった。

車を停めて、降りしきる雨の中に転がり出て、振り返ると後部座席の女は消えていた。

雨はますます強まり、城跡の駐車場を出たのは午後二時過ぎだったのに、なぜか黄昏《たそがれ》の気配で、辺りが薄暗い。

恐々と運転席に戻り、時刻を確かめると、どういうわけかすでに午後五時であった。

呼吸を整え、エンジンを掛けてルームミラーを見た——と、後部座席にさっきの女と、その隣にも同じ白い半袖の服を着た別の女が映っており、さらに視界の隅に助手席にも三人目の白い女が入ってきたので——再び運転席のドアを開けて外に飛び出した。

しかし、車のほうを振り返ると、三人の女の姿はどこにもなかった。

土砂降り。車のエンジンは掛けっぱなし。ライトも点けっぱなし。

——バッテリーが上がるまで、そこに立ち尽くしているわけにもいかない。

嫌な展開が読めるような気がしつつ、再び意を決して運転席に乗り込んだところ、悪い予感が的中して、女たちは三人とも、依然としてシートに座っていた。

彼は「アーメン！」と十字を切って神に祈った。……敬虔なクリスチャンだったのだ。するとと女たちは揃って吹き出し、助手席の女が笑いながら「私たちは天使よ」と言った。「不安に思うことは何もないから、家に帰りましょうよ」

不思議なことに、そう言われると彼はたちまち安心し、「わかりました」と応えて車を発進させた。

彼女たちは三人とも美人だった。揃いのワンピースを身につけていたが、容貌は三人それぞれ。年齢は二十代から三十代。助手席の女がいちばん年長で、もっとも積極的だった。

しばらくすると、彼女が話しかけてきた。

「あそこに自転車に乗ったおじいさんがいるでしょう？　あのおじいさんは、もう死んでいるのに気がついていない。まだ生きているつもりで自転車を漕いでいるの」

指差されたほうで、ごくふつうの老人がのんびりと自転車を漕いでいた。では、あれは幽霊なのか……と考えて、ふと思いついた。二十年前に友人が交通事故で死んだ場所を間もなく通過するが、もしかすると友人の亡霊があそこに留まっているのではないか、と。

やがて差し掛かったその場所には、黒い人影が佇んでいた。友人の霊だと直感したが、口を開くより先に隣の女が「黒い者は悪霊よ」と指摘したので、黙ってそこを通り過ぎた。

海ほたる

川奈まり子

彼の車に乗っているときしか姿が見えない、白いワンピースを着た三人の女——自分たちのことを天使だと自称している——と、博志さんは、千葉県の南部から東京を目指した。

助手席に一人、後部座席に二人。三人とも揃いの衣装を着て、同じ白いレースの傘を持っている。九月初めの雨の夜、車はやがて東京湾アクアラインの海ほたるに到着した。

「ここで少し休憩していこう」と彼は三人に提案した。

三人とも喜んで、助手席の女は「海ほたるは初めてよ」と言って彼に微笑《ほほえ》みかけた。

——それなのに、自販機で四人分の飲み物を買って車に戻ると、彼女たちは消えていた。

今までは、車の外から見たときはいないように見えても、運転席に戻ると姿を現した。

だが、今回は、運転席に乗り込んでも彼女らは出現しなかった。

彼は独りで夜の海をしばらく眺めて、海ほたるをあとにした。

——以上、前々項からの出来事は四年前の体験だそうだが、じつは彼は今でも三人の女の顔や髪型をはっきり憶えており、彼女たちに再会したいと願っているとのこと。

「三人とも、ほのかに輝いていました。本物の天使でした」と彼は遠い目で私に言った。

八王子城《はちおうじじょう》

所在地◆東京都八王子市元八王子町、西寺方町、下恩方町

築城◆天正 15 年（1587）

主たる城主◆北条氏照

アクセス◆【バス】高尾駅から 10 分「霊園前・八王子城跡入口」下車徒歩 20 分

【車】圏央道・八王子西 IC から 10 分

八王子城は、戦国時代の末期に小田原に本拠をおき関東に覇権をもった北条氏の三代目当主、氏康の三男の北条氏照によって築かれた山城である。

天正十八年三月、天下統一をめざす豊臣秀吉は大軍を率いて小田原に向かい、四月には北条勢が立てこもる小田原城を包囲した。

一方、前田利家と上杉景勝らが率いる北国勢は信濃から上州へ攻め込み、北条方の諸城を落としながら南下し、氏照の弟、北条氏邦の居城の鉢形城（埼玉県寄居）も攻略していた。

さらに秀吉による強い指示を受けた北国勢は八王子城に迫って来たが、このとき氏照とその精鋭部隊は小田原城に援軍中であった。

六月二十三日、北国勢による大軍の猛攻を受け八王子城は一日にして落城した。

落城時に御主殿にいた北条方の婦女子や武将らが滝の上流で自刃し、次々と身を投じ滝は三日三晩、血に染まったと言い伝えられるほどの殲滅戦となった。麓の村では城山川の水で米を炊けば赤く米が染まるほどであったと伝えられている。

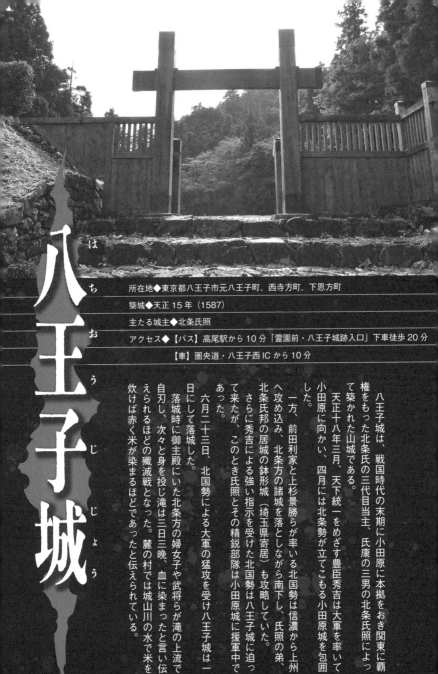

ひとり増える

川奈まり子

八十年代や九十年代には、八王子市や隣の多摩市、あきるの市辺りの若者が車の免許を取ると、必ず何人かで誘い合ってドライブがてらの肝試しに繰りだしたものだ。

四十年近く前の夏、その頃、市内の私大学生だった建一さんは、自分を入れて計四人で八王子城跡で肝試しをした。親の車を借りて助手席に悪友を座らせ、やや強引に誘った同学年の女子を後部座席に乗せていって、城跡で悲鳴をあげてひとしきり騒いだ。

しかし肝心の幽霊は全然見かけないまま帰途についた。

ちなみに建一さんと悪友は、女の子が悲鳴をあげて抱きついてくれれば上等だと当初から思っており、その目的は果たせたから、それなりに満足していた。

女の子たちも肝試しを楽しんだと見えて、帰り道もはしゃいだようすで、すぐにお喋りしはじめた。

ところが甲州街道を少し行った辺りで、急に後部座席が静まり返った。

なんだろうと思って、建一さんはバックミラーを覗いて、凍りついた。

後ろの席の真ん中に、見たこともない女が座っていたのである。

両サイドの女の子たちは二人とも下を向いたまま体を硬くし、声も出せずに全身を小刻みに震わせている。

悪友が、「なんだよ、みんなして急に黙って」と言ったかと思うと、建一さんが止める間もなく後ろを向いて——絶叫した直後に、問題の女がパッと消えた。

しかし、それで終わりではなかった。

次の瞬間、建一さんは、車の斜め前に佇んでいるさっきの女とフロントガラス越しに目が合ってしまったのである。

彼は危うく交通事故を起こしかけた。

追い返される

川奈まり子

現在四十二歳の恵美さんが十九歳の頃のこと。オカルト系のムック本を読むのが好きだった彼女は、あるとき八王子城跡の噂を知って、是非訪ねてみたいと思うようになった。真夜中になると落ち武者や自害した姫君たちの幽霊が出る、というのである。

恵美さんの家や通っていた短期大学は中央線沿線にあった。調べてみると、八王子城跡は八王子市内でも外れの高尾山《たかおさん》に近いほうで、夜中に電車で行くのは大変そうだった。

そこで、車を持っている男友だちと短大の後輩に声をかけたところ、二人とも大喜びで誘いに乗ってくれた。

決行したのは二月の深夜。雪が降りそうな凍てつく晩に、恵美さんの家から出発した。

八王子城跡はムック本などの情報によれば「関東近郊で気軽に行ける、手頃な心霊スポット」という触れ込みだった。

しかし、深夜零時に出発して、一時間経っても到着しない。

最初のうち、三人はにぎやかにお喋りに興じていた。コンビニに立ち寄って使い捨てカメラやスナックを買うのも、遠足気分で楽しかった。

けれども八王子市内に入った頃から、次第に三人とも口数が減ってきた。

恵美さんは、誘った手前、気を遣って二人にあれこれ話しかけようとしたが、すでに話の種は尽きていた。

それに、本来の盛り上げ役は後輩のはずだった。いつもはとても陽気な子なのに、いつの間にか、後部座席の隅に体を縮めたきり、うんともすんとも言わなくなってしまった。

恵美さんは助手席に座っていた。後ろを振り向いて話しかけるのだが、後輩のようすはいよいよおかしくなるばかりだった。恵美さんの真後ろでドアに体をすり寄せるようにして座っているなと思っていたら、とうとうギュッと目を閉じてしまった。

車に酔って、気分が悪くなったのだろうか。吐き気をこらえているのかもしれない。

「もうすぐ着くよ。駐車場にトイレがあるみたいだから、あと少しの我慢だよ」

声をかけても返事がなかったが、ともあれ、八王子城跡の駐車場に着いた。ちなみに今では午後五時以降の利用が禁じられているが、その頃はいつでも駐車可能だった。

男友だちが車を停めると、後輩は待ちかねたように後部座席のドアを開けて外に飛び出した。だからてっきりトイレに駆け込むのかと思いきや、トイレとは反対方向に走っていくではないか。

「どうしたの？　待って！」恵美さんと男友だちは、慌てて後輩を追いかけた。

追いついて立ち止まらせると、夜目にも真っ青な顔をしているのがわかった。

重ねて「どうしたの？」と訊ねると、後輩は怯えきった目つきで今降りてきた車のほうを見つめた。

「私の横の……運転席の後ろの席に、どこから乗ってきたかわからないんだけど、気がついたら髪の長い女の人が座っていて……私のほうを振り向いて、ニューッと顔を突き出してきたの。鼻先がくっつくんじゃないかと思うほど間近に顔を寄せてきて私の目を覗き込もうとするから」

——生きた心地がしなかったというのである。

それでも、買ってきた飲み物を飲んで駐車場で少し休むうちに、後輩は生来の明るさを少し取り戻して「来たからには予定通り中へ入りましょう」と恵美さんに言った。

無理をしているのではないかと思い、ちょっと痛々しい気がしたが、男友だちも同意見だったので、計画通り八王子城跡を探検すべく、まずは出入り口に三人並んで立った。

そのとき、後輩が来る途中で買った使い捨てカメラを取り出した。

「記念撮影しません?」

「そうだね！　でも、その前にこの辺の景色も撮っておこう」

わかりました、と、後輩は出入り口のほうへレンズを向けてカメラを構え、ファインダーに片目を押し当てた。

途端に甲高《かんだか》い悲鳴をあげて、彼女はカメラを地面に放り出した。

「目が……目が合った！　向こうからこっちを覗き込んでた！」

真正面に誰かがいて使い捨てカメラのレンズを覗き込んでおり、その人とファインダー越しに目が合ったというのだ。

ありえない話だが、後輩は本気で怖がっており、恵美さんたちも震えあがってしまった。

「もう無理！　帰ろう」

三人でしがみつき合いつつ、車のほうへ戻りかけた。

そのとき、五十メートルほど離れた駐車場の隅の電信柱が目に留まった。

何かが奇妙だから、視界に入った瞬間に違和感を覚えて、無意識に注目したのである。

よく見ると、電信柱の下のほうに白い靄《もや》があった。

地面から湧き出てきたようだ。どんどん大きくなる。

すぐに人間ぐらいの大きさになった。人にしては衣装のシルエットが変だ……。

「ねえ、なんか、あそこに」と恵美さんがそっちを指差しながら、後輩たちに話しかけた。

すると、彼女の声に応じたかのように、その白い靄がこちらへ向かって移動しはじめた。

接近するにつれ、形がますますはっきりしてきて――。

「鎧だ！　鎧を着てる！」男友だちが叫んだ。

「落ち武者だ！」

全速力で走って車に乗り込み、慌てて駐車場から逃げ出した。

話の最後に恵美さんは「幽霊に追い返されたような感じでした」と当時の感想を述べた。

右側が狙われる

川奈まり子

吉秋さんの趣味は、日本の古城巡りだ。私の経験に照らせば「城巡りが好き」とおっしゃる方は、実際に各地の城跡を見学するだけではなく、一人の例外もなく、城ごとの情報や資料を熱心に蒐集《しゅうしゅう》されている。中世から江戸期の日本史について、学者顔負けの知識を蓄えるようになる人も多い。

私の勘では、吉秋さんもその口だ。

というのも、「八王子城跡の怖い体験談を話したい」と最初におっしゃったのに、インタビューが始まってから最初の五分ぐらいは、八王子城落城の経緯をたいへん詳しくお話しされたからだ。たとえば、こんな調子だった。

「豊臣《とよとみ》勢の使者を斬ってしまい、降伏しなかったために撫で斬り令が出されたんですよ」

――「撫で斬り令」と、すかさず私はメモを取った。初耳だったのだ。

「八王子城に残った人々は籠城して、石などで抗戦したのですが、結局、皆殺しになりました。女性や子どもはおろか、犬猫までも。そして豊臣側は、三千人あまりもいたという八王子城の犠牲者の首を運んで、小田原城の石垣の上……か何かに並べたそうです」

――私は「要確認。小田原城かどこかの石垣か何かに首を並べた」と書いた。

「八王子城跡のそばの宗関寺《そうかんじ》には、血染めの女性の着物が保管されているといいます」

「本当にお詳しいですね。やはり、何度も八王子城跡に足を運ばれたのですか?」

「ええ。初めて行ったのは大学三年のときです。もっとも、その頃はまだ城巡りの趣味はなくて、肝試しで行ったんですけどね。夏休みで、金がない連中ばかり五人くらいで、友人の下宿でたむろしていたら、夜になって彼の後輩がビーサン履いて来たんです……」

吉秋さんの友人は、神奈川県内の海辺の町で二階建てアパートの部屋を借りていた。そこへ、大学のサークルの後輩が急に訪ねてきたのだった。

ビーチサンダルをつっかけてひょっこり現れたこの男は、最近サーフィンにハマったらしく、明日はサーフィンに行く予定で、ここからなら目当ての浜まで行きやすいから泊まらせてくれと友人に頼んだ。何度か泊まらせてやったことがあるようで、友人は快諾した。

しかし、まだ宵の口であった。

窓からアパートの外を見ると、屋根にサーフボードを載せた車が停めてある。後輩の車だ。あれに乗ってどこかへ行こう、と誰かが言いだし、ワチャワチャ言い合ううちに、なんとなく、八王子城跡で肝試しをすると決まった。そこで、都合六人で一台の車に押し合いへし合いしながら乗り込んで、はるばる八王子城跡を目指して出発した。

助手席に二人座るような無茶な乗り方をしていたのだが、警察に停められることもなく、無事に目的地に着いて、さっそく城跡を見物しはじめたのだが――。

「あっ」御主殿の滝の手前で、後輩が声を発した。

見れば、右足のビーチサンダルの鼻緒が抜けて、地面から浮かした足から底がブラーンとぶらさがっている。

「草鞋の鼻緒が切れると縁起が悪いんだぞ」と仲間の誰かが指摘した。

「……もう帰りたい」

途端に後輩が弱気になったので、みんな笑ったが、実際のところ、地面は小石やデコボコだらけで辺りは真っ暗。履物が無くては歩けるわけがなかった。

そこでまた六人で車に乗り込むと友人の下宿へ帰り、その晩は狭苦しいところで雑魚寝して、翌朝みんなで後輩を見送りがてら、この集まりはお開きとなった。

夜になって、今朝までいた下宿の友人から吉秋さんに知らせが入った。

後輩が大怪我をしたというのだった。「右の太腿《ふともも》にサーフボードが刺さった」とのことで、どんな状況でサーフボードが突き刺さったのか不明ながらも、昨日ビーサンの右の鼻緒が抜けたばかりだから、あれはやはり不吉の前兆だったのだと思ってしまった。

しかし、それだけなら偶然で片づけられた。

そうはいかなくなったのは、夏休み明けに、後輩が再び怪我をしたせいだ。太腿の傷はだいぶ快復していたが、海で遊ぶわけにもいかず、後輩はおとなしく家業の鉄工所を手伝っていた。すると工場の機械が誤作動を起こし、鉄片が右目のほうへ飛んできたというのだ。

幸い眼球は無事で、眉毛の下を何針か縫うだけで済んだものの、またしても右側だったので、後輩は震えあがってしまったようだ。

「あいつは、もうどうしようもなく怖がって、『もう二度と八王子城跡には行かないし、死ぬまで肝試しもやらない』って言ってる。お母さんに勧められて、霊媒師に視《み》てもらったんだと。それで、霊媒師に言われたからって、キャンパスでも塩を持ち歩いているんだよ」

気の毒に、と吉秋さんは心を痛めつつ、友人に提案した。

「なあ、八王子城跡の肝試しを完遂しない？」

——読者さんは呆れてしまうかもしれないが、私も彼と似たタイプだから、わかる。

何かやりかけて中断したままというのが、絶対に我慢できないのだ。ハッキリ言ってどうでもいいようなことでも、例外はない。

類は友を呼ぶのだろうか。彼には賛同者がいた。今度は、吉秋さんが自分の車を出した。それに乗って、四人ばかりで八王子城跡に行ったところ、帰る途中で車体がガタガタと異常に揺れだした。

路肩に停車して点検すると、右の後輪のナットが五個中、四個も外れていた。

車検が通ったばかりの車だったので、これは奇怪だ。ありえないことが起きたようだ。

吉秋さんは「僕まで大事故に遭うところでしたよ！」と私に言った。

なんだか右側の呪いが後輩から彼に……いや、彼の車に伝染したかのような話である。

キモダメシ？・

川奈まり子

八王子方面でケーブルテレビの番組制作に携わっていた徹さんによれば、十年ほど前、制作部のスタッフが八王子城跡を取材中に消息を絶ってしまったとのこと。

警察が捜索しても発見できず、未だに行方がわからないというので、そんな神隠しのような事件があったなら、どこかに記録が残っているはずだと私は考えた。

しかし、諸事情あって報道されなかったようで、ネット検索ではヒットしなかった。

そこで警視庁の身許不明死者情報ページで八王子城山周辺で発見された遺体の公開情報をリサーチしたものの、該当する死者は見つけられなかった。

余談になるが、このリサーチの結果、近年の八王子市では高尾町の山間部で遺体が発見される身許不明者が多いことがわかった。廿里町《とどりまち》、裏高尾町もちらほら目に付いたが、ようするに高尾山周辺だ。

ともあれ、それらしき身許不明の死者は発見されていないという見込みが立った。

だから、その方については、まだどこかで生きていらっしゃる可能性がある。

しかし、同じく八王子城跡でいなくなり、のちに別の場所で亡くなっていたことがわかった、こんなケースもある。

平成二年（一九九〇）というから、三十年以上前の出来事だ。その夏、八王子城跡に肝試しに行った大学生のグループ五名のうち、一名の行方がわからなくなった。

彼は八王子城跡まで原付バイクに乗ってきていた。他の四人は普通自動車で来た。到着したのは零時過ぎ。その頃は夜間も駐車場が開放されていた。

乗り物を停めると、各々、持参した懐中電灯で周囲を照らしながら城跡の中を歩きまわりだしたが、御主殿の滝までやってきたとき、彼は突然、体調不良を訴えた。

「貧血かな。頭がくらくらする。気分が悪いから駐車場に戻って待ってるよ」

彼は二十歳で、日頃は風邪もひかず、滅多なことでは弱音を吐かない性質だった。よほど具合が悪いに違いないと四人は大いに心配した。そこで、ある者は駐車場で一緒にいてあげると言い、またある者は肝試しを中止してみんなで帰ろうと提案した。けれども彼はそういう申し出を「いいから、いいから」と強引に断って、とぼとぼと道を引き返していった。

それからも四人で十分ぐらい真っ暗な城跡を探検したが、やはり、みんな彼のことが気がかりで堪らず、途中で切り上げて駐車場に戻った。

すると、彼の原付バイクがどこにも見当たらない。

スマホや携帯電話があれば、すぐにも連絡を入れるところだが、当時はポケベルの時代だった。彼らの仲間内では、メッセージ機能つきの最新式のポケベルが流行っていた。

ちなみに漢字や平仮名も送信できるポケベルは、まだ発売されていなかった。また、ポケベル単体でも受信はできるが、送信には固定電話を用いる必要があった。

城跡の管理事務所のそばの公衆電話を利用して、なかの一人が彼にメッセージを送った。

「ダイジョウブ？　イマドコ？」

四人は、しばらくその場で待った。彼から返信があった場合、その後メッセージをやりとりするためには、公衆電話のそばを離れないほうがいいからだ。

しかし、待てど暮らせど返信がない。やがて四人はしびれを切らして引き揚げた。

自宅に帰ったのだろうと誰しも思っていた。

だが、原付バイクの彼は下宿に帰っておらず、乗っていたバイクごと行方不明になり、それから約一年後、北関東の彼の実家近くの山林で遺体が発見される結果となった。

失踪から間もなく首吊り自殺をした形跡があり、遺体の近くで藪《やぶ》に埋もれていたバイクは無傷、財布やポケベルも盗られていなかった。そのため警察では事件性はないとされた。

じつは、彼は、八王子城跡から失踪した翌朝、昨夜メッセージを送った仲間に「タスケテ」と返信をよこしていた。また行方をくらます理由もわからなかった。

したがって何か事件に巻き込まれたのではないかと家族や友人一同は考えたのだが、警察は最初から家出と決めてかかり、取り合ってくれなかったのだ。

彼から「タスケテ」というメッセージを受信したポケベルの持ち主――この話のインタ

ビュイーさん――は、彼の死を知らされてから無力感に囚われてしまったのだという。

無理もない。直接、助けを求められたのだ。あのときなら間に合ったかもしれないと思わずにはいられなかったに違いない。

もう手遅れ。何もできることはない。そうわかっていても、彼の遺体発見現場を訪ねたのは、いてもたってもいられなかったせいだった。

寂しい冬枯れの山麓に、彼の両親が供えたと思しき、黄色や紫の菊の花束が、毒々しいほど鮮やかに映えていた。持ってきた小さな花束と彼がよく飲んでいた缶ビールをその横に置いて、静かに手を合わせた。

そのとき、再び彼からメッセージがポケベルに届いた。

「キモダメシ?」

見た瞬間、全身に鳥肌が立ち、思わずポケベルを放り出してしまったとのこと。

「そのとき彼が亡くなった北関東の山の中に行ったのは悼《いた》むためであって、肝試しなんかじゃありません。でも、死んでしまった彼からは、そんなふうに見えたのかも……」

異界のとば口

川奈まり子

真夕美さんと親友のAさんは、四十歳を過ぎて〝遠足〟にハマった。

同年輩で、二人とも学齢期の子どもを育てており、どちらの家も横浜線の沿線にあり、元気で活動的な性質。そしてAさんは古墳や寺社など信仰や神話に由縁があるパワースポットに関心があり、真夕美さんは歴史を感じさせる名所旧跡が好きだった。

幸いパワースポットと呼ばれる場所には名所旧跡が少なくない。

しかし、子どもたちが学校に行っている朝の八時半頃から夕方までの限られた時間に、あまりお金をかけずに行って帰ってこられる場所は限られる。

だから、幼稚園や小学校低学年の〝遠足〟に似た小旅行がちょうどよかったのだ。

彼女たちは、一ヶ月か二ヶ月に一回、計画を立てて関東近郊の名所に出かけた。鎌倉の大仏や古寺、浅草寺《せんそうじ》や神田明神、明治神宮、深大寺《じんだいじ》――そして、高尾山と八王子城跡。

高尾山は紅葉が見事なことでよく知られている。そこで十一月下旬の紅葉シーズンを選び、平日の朝から電車を乗り継いで、高尾山口駅へ向かった。

午前中は高尾山に費やし、午後から八王子城跡を見物する予定だった。

時間的な制約があるから、高尾山では険しい登山道を避けて、ケーブルカーやリフトをできるだけ利用した。さる園や売店もパスしてしまったが、それでも、輝かしい錦繡《きんしゅう》の山景色や神秘的な薬王院を見物できて満足した。

下山後、コンビニで弁当と飲み物を買い、正午過ぎに八王子城跡に到着した。まずはガイダンス施設に立ち寄った。だいたいのことがわかればよいので、十五分程度で展示を見終えて、マップ付きのパンフレットを手に入れ、いよいよ城跡に足を踏み入れた。

「あら、もう一時だ。座れる場所を見つけ次第、お弁当を食べちゃいましょうよ」

「そうね。……あ、あそこにベンチがある」

そこは一見、ただの広場だった。芝生の空間を囲む林の木陰に、乾いて清潔そうなベンチが幾つか置かれ、草野球ができそうな面積を有している。

だが、よく見れば《御主殿跡》と標示された説明板が立てられており、地面のところどころには遺構のレプリカらしき石が据えられて、奥のほうには露天の舞台も設けられていた。

「御主殿跡だって。じゃあ、お城の女性たちの血で三日三晩、水が赤く染まっていたっていう御主殿の滝から近いのね」

「やあね。血だなんて……。食事どきの話題じゃないよ」

「でも有名な話よ？　もっとも山の下にトンネルができた頃から肝心の滝の水がほとんど涸れて、人工の水路みたいになって、怖い感じが薄らいだという噂だけど……」

初めは何事もなかった。

大きな青空に鳶が鳴きながら輪を描いていた。木立ちは深く静かで、大気は干し草の芳しい香りがし、ここは本当に都内なのかと疑いたくなるような長閑《のどか》な景色だった。

異変に気づいたのは、ベンチに並んで弁当を食べだしてからだ。

後ろから視線を感じて、人が何人か接近してくる気配がした。

しかし真夕美さんより先に、Aさんが背後を振り向いた。

「いるよね？」

真夕美さんも後ろを向いて、確かめた。

「いる。何人も、集まってきたね」

——二人とも少し霊感があるのだった。

お互いそのことを知っていたので、こういう会話をすることは珍しくなかった。

「取り囲まれてる感じがしない？」

「する。落城した当時の人たちかな？　悪意は感じない」

「うん。好奇心……？　私たちを、ちょっと見にきただけだと思う」

平日の昼間とあって、城跡に入ってから、ほとんど人を見ていなかった。

真夕美さんは、これから飲もうと思っていた緑茶のペットボトルを開けると、姿のない者たちに向かって「お茶どうぞ」と勧めながら、ベンチの端に置いた。

食後、「残りは私がいただきますね」と言いながら、ペットボトルに口をつけてお茶を飲んだ。ボトルの中身が少し減って軽くなっているのが不思議だった。

御主殿の滝を見に行ったが、ベンチの後ろにいた人々の気配はついてこなかった。

「基本的に、もう成仏されているんだと思うなぁ。全然、嫌な感じがしないもの」

「あとは八王子神社を見て、お終いにしない？　秋の日は釣瓶《つるべ》落としって言うから」

真夕美さんが、ガイダンス施設で貰ったパンフレットを広げてマップを眺めだすと、Aさんも横合いから覗き込んだ。

「ふうん……。お城の本丸跡って八王子神社の近くなのね」

「山城の本丸は、たいがい山の頂上に建てるものじゃない？」

八王子神社こそが、八王子市の名の由来となった、牛頭天王《ごずてんのう》の八眷属《けんぞく》にまつわる縁起発祥の地で、見逃す手はないというのがAさんの意見だった。

パワースポット巡りを嗜むには、各スポットに伝わる神秘的な逸話の蒐集が欠かせない。

Aさんは、ここぞとばかりに熱弁を振るった。

「朱雀《すざく》天皇の時代に、妙行《みょうこう》さんという徳の高い京都の学僧が全国行脚の修行をしていて、ここ深沢山《ふかさわやま》に立ち寄ったときに、夜、突然雷鳴が轟いたかと思うと、化け物の群れに襲われたんですって。最後は大蛇にぐるぐる巻きにされたんだけど、少しも怯まず読経していたら、牛頭天王が八人の眷属を率いて降臨して守護を約束したとか……」

「じゃあ、その八人の眷属が八王子というわけ？」

「そうね。でも近江《おうみ》にも八王子山や八王子権現があるそうだから、なんとも言えない。だけど、今から一千百年以上前に妙行がここで八王子信仰を広めはじめたのは本当だよ」

妙行は延喜十六年（九一六）に天王峰と定めた深沢山と八王峰とした周辺の八つの山に、牛頭天王と八王子を祀《まつ》る祠《ほこら》を建てた。さらに翌年には、深沢山の麓《ふもと》に寺を建立。やがてこの功績が京の都に伝わり、朱雀天皇より妙行に華厳菩薩の称号と牛頭山神護寺という寺の扁額《へんがく》が下賜《かし》された。この牛頭山神護寺が現在も八王子城山こと深沢山の麓にある宗閑寺の前身であり、八王子発祥の地なのだ。

「……だからここに築城した北条氏照《うじてる》が、八王子権現を城の守護神にしたのは、理に適《かな》っていると思う。八王子を統《す》べるわけだからね」

「でも戦に負けちゃったんだね」

「残念だよね。氏照は文武両道のインテリで、当時としては高尚な趣味の持ち主だったそうよ。笛の名手だったとも言い伝えられていて、八王子城の出土品には外国から渡来したベネチアングラスの壺や絵皿もあるんだって」

会話を交わしながら小径をたどるうちに、古びた管理事務所の前に着いた。

平屋の粗末な建物だが、平成二十四年（二〇一二）にガイダンス施設が開設する前は、八王子城跡の案内所はここだけだったという。

改修前なら今回のような気軽な物見遊山に適していたかどうかわからないと真夕美さん

は思った。見学用の小径《こみち》は平らにならされ、滑り止めの工夫もされている。

城跡内の標識も新しく、道に迷う心配がない。標識の矢印に従えば、管理事務所の脇を通過した先に、八王子神社の登拝口があるはずだった。パンフレットに掲載された写真には、歳月を感じさせる黒ずんだ木の鳥居と神社の登拝口が写っていた。

山道が神社の参道になっているのだ。登拝口に一の鳥居が建っている。そこからお社まで片道四十分ほどらしい。二人すれ違うのがやっと、という土の小径だ。

やがて一面、視界が金色に明るんだ。

真夕美さんは思わず息を呑み、Aさんは「わあ」と歓声をあげた。

この辺りは銀杏の大木が多い。黄葉した落ち葉が分厚い絨毯となって、地面を覆い隠していたのである。まるで地面が黄葉して、ほのかに輝いているかのようだ。

しかし間もなく、二人は、鳥居の向こうが暗黒に閉ざされていることに気がついた。

午下がりの秋の陽を照り返す落ち葉が、足もとから鳥居まで続き、登拝口でふっつりと途絶えている。パンフレットにあった土ぼこりの参道が、ない。

山の樹々が微かな風を受けて梢《こずえ》を揺らしていた。参道だけが、ない。

まるでブラックホールだ。真っ黒な異世界のとば口がそこに開いていた。

隣でAさんが「こんなことって」と皆まで言わず絶句した。

Aさんも同じ光景を目にしているのだとわかり、真夕美さんは「やめよう」と言った。

「もう帰ろう。今日は来ちゃいけないって神さまに言われてるんだよ」

真夕美さんとAさんは、夕方までに家に帰り、それぞれの日常を再開した。

家族の夕食をこしらえて、家族と食卓を囲み、風呂を沸かした。

家事とも呼べない細々した雑用をテキパキと片づけた。子育てをしていると、そういうものがいくらでも湧いてくるものなのだ。

くたびれはてて蒲団《ふとん》に潜り込んだときには、子どもたちと夫はとうに寝静まっていた。

真夕美さんも、すぐに眠りのなかへ引き込まれた。


明け方、枕もとを歩きまわる軽い足音を夢うつつに聞いた。目を閉じたまま耳をそばだてていると、少し遠ざかっては、また近づいてくることを繰り返しているようだった。

――子どもが目を覚ましたんだわ。私に何か話したいことがあるの？　それとも、そろそろ起きる時間？

引き潮のように眠気が去りはじめ、そろそろ目を開けようかという刹那、掛け蒲団の上に出ていた右手の手首を、キュッと摑《つか》まれた。

指の先までふわりと柔らかな、優しい手だった。下の娘を思い浮かべながら、反射的に摑まれた辺りを見やったけれど、そこにいたはずの誰かは、手首を摑む感触ごと消えていた。

小《お》田《だ》原《わら》城《じょう》

所在地◆神奈川県小田原市城内

築城◆応永 24 年（1417）

主たる城主◆北条氏綱、北条氏康、北条氏政、北条氏直、大久保忠世

アクセス◆【鉄道】小田原駅から徒歩 10 分

【車】西湘バイパス・小田原 IC から 5 分

小田原城は三つの時代に築かれた城郭からなる。中世の大森氏時代、戦国の後北条氏時代、そして江戸期の譜代大名の時代である。三代当主北条氏康の時代には難攻不落、無敵の城といわれ、上杉謙信や武田信玄の攻撃に耐えた。さらに豊臣秀吉の来攻に備え城は拡張され続け、小田原の町全体を総延長九キロの土塁と空堀で取り囲むという戦国最大級の城となった。

天正十八年豊臣秀吉が天下統一の仕上げとして北条氏と開戦し、数十万の大軍で小田原城を総攻撃した。小田原合戦（小田原征伐、小田原の役など）と呼ばれるこの戦いにおいて秀吉は圧倒的な物資をもって取り囲むとともに、別働隊をもって関東各地の北条氏の支城（八王子城など）を各個撃破した。北条氏は篭城戦によって敵の兵糧不足を待ち逆襲しようとしていたがその思惑は破られ、三か月の篭城戦の末ほとんど無血で開城することになった。篭城している間、北条側が和議を交渉するか徹底抗戦するかをめぐって議論したが一向に結論が出なかったという故事が小田原評定という言葉になった。

北条氏滅亡後、徳川家康に従って小田原攻めに参戦した大久保氏が城主となり、城は近世城郭の姿に改修された。

後北条家の伝奇

川奈まり子

小田原城は戦国時代最大の城だった。

東西約三キロ、南北約二キロ、全周九キロあまりの土塁と堀で城下町を囲むという発想は、ヨーロッパの城塞都市を彷彿とさせる。

北条早雲《そううん》が入城してから百年近くもの間、北条五代はここを根城に関東に君臨した。

この城と後北条家にまつわる奇譚を、いくつかご紹介する。


【血を流す石と守り本尊】

後北条家の祖である北条早雲は、一介の浪人から出世して、関東を統べるほどの権力を得た。実は本人は「伊勢新九郎《いせしんくろう》」と名乗り、生涯、北条の名字を用いなかったとか。

新九郎が小田原城に入った頃に、後北条家の未来を暗示する出来事が起きていたのだが。

城の改修に使う石を職人が切り出していたところ、ノミの刃が喰い込んだ岩肌から真っ赤な血が噴き出して大騒ぎになった。

これが新九郎の耳に伝わると、その夜、彼の夢枕に何者かが立って、「私は北条の守り本尊だ」と告げたのである。

そして「私を信じれば成功する」と新九郎に約束して消えたとのこと。

【荒次郎の生首】

平将門《たいらのまさかど》の生首が飛んだり言葉を発したりしたことはたいへん有名だが、じつは江戸時代の仮名草子作家・浅井了意による創作だったことが判明している。了意は将門公について『江戸名所記』に書くにあたり、北条早雲こと伊勢新九郎と小田原城にまつわる次の逸話を参照したのだという。

――永正十三年（一五一六）七月十一日、現在の神奈川県にあたる相州の三浦半島で、戦国大名・三浦道寸入道《どうすんにゅうどう》と嫡男・三浦弾正少弼荒次郎義意《だんじょうしょうひつあらじろうよしおき》の命運がいよいよ尽きようとしていた。

三浦一族は平安時代から相州一帯で権力を掌握してきた。ところが、これに先立つ四年前から北条早雲こと伊勢新九郎の侵攻を受け、応戦したが負け戦が続いた。

支城をすべて失い、三浦半島の本拠地に籠城して三年も兵糧責めにあって……。

家臣や妻子は次々に自刃して海に身を投げた。見渡す限りの水面に血脂が浮いたことから、この海岸には後に「油壷《あぶらつぼ》」という地名が付いた次第である。

凄惨な光景を前に、三浦道寸と荒次郎は最期まで刀を振り回して抵抗を示した。

しかしついに文字通り崖っぷちに追い詰められると、まずは道寸が自害。

次いで息子の荒次郎も己の首を刀で刎《は》ねた。

荒次郎はこのとき二十一歳。若く、八十五人力ともうたわれた剛力の持ち主だった。首に当てた三尺三寸の大太刀を渾身の力で引くと、頭が綺麗に胴体を離れた。

胴の方は、味方の血で朱に染まった海原に落ちた。

首はポーンと飛んで、青い夏空を数十キロメートルも翔けていった。

飛び去った先には小田原城があった。家来衆が荒次郎の首を捜したところ、城の裏鬼門の辺りで松の木に引っ掛かっており、血走った眼をカッと見開いて一同を睨みつけた。

「おのれ新九郎。三浦が怨みをゆめゆめ侮《あなど》るなよ。末代まで祟ってくれようぞ」

怨み言を間近で浴びせられた者たちは、その場で倒れて死んでしまった。

首だけになっても荒次郎は生きていた。眦《まなじり》が裂けて髪は逆立ち、まさに鬼の形相で、しかも猛毒の瘴気《しょうき》を放ちながら。

その毒たるや、首の周囲百間四方（百八十平方メートル）の草を枯らすほどだったというのだから凄まじい。近づく生き物は人に限らずみんな死んでしまった。

そんなものを城郭内に置いておくわけにはいかないから修験者や僧侶を呼んで祈祷させたが、いっこうに効き目がなかった。

そのまま三年あまりが経過。

すると新九郎の方が荒次郎の首より先に老衰で亡くなってしまった。

荒次郎はといえば、敵が彼の世に旅立ったというのに未だに怨み言を吐き、辺りを睨みつけている。このようすを哀れに思ったのが、今も小田原市久野にある阿育王山総世寺の四代目住職・忠室宗考。

宗考和尚は、ある日自ら荒次郎のところに出向いて、瘴気の毒をものともせずに、

「うつつとも　ゆめとも知らぬ　ひと眠り　うきよのひまを　あけぼのの空」

という句を詠んだ。

するとたちまち荒次郎の首が白骨になり、地面にコロリと転がったとのこと。

首はねんごろに供養され、その後、三年留まっていた松の木の辺りに、荒次郎こと三浦義意公を主祭神とする神社・居神《いがみ》神社が建立された。

――それから五百年以上も経った今日でも、居神神社は城山で荒次郎を祀り、総世寺では宗考和尚の歌碑を建てて、この不可思議な逸話が伝承されつづけている。

【狐の祟り】

元亀元年（一五七〇）の初夏のある日、三代目の北条三代氏康《うじやす》が小田原城で夕涼みをしていると、どこからか狐の鳴き声が聞こえてきた。

俳諧では昔から狐は冬の季語とされている。季節外れを愉快に思った氏康は、

「夏はきつ　ねになく蝉のから衣　おのれおのれが　身の上にきよ」と歌を詠んだ。

駄洒落まじりに「夏が来て鳴く蟬の抜け殻を見習って、みんな自分の身の丈に合ったものを着ろ（分相応に生きろ）」と狐を軽くからかったつもりであった。

ところが、とんでもないことが起きた。明くる日、城のそばで年老いた狐の亡骸が見つかり、それと同時に氏康の家臣があらぬことを叫んで暴れだしたのだ。

「氏康の歌のせいで死んだ！　わしの怨みは深いぞ！　必ず災いが起こるだろう！」

狐憑きだ。しかも激怒して呪いの言葉を吐いている。

一説によれば、氏康が五七五調で詠むために「きつ」と「ね」を分けて、つまり「きつね」をぶった切ってしまったために、件の古狐の命が奪われたのだという。

氏康は恐怖を感じて、城内に神社を建てて「北條稲荷」と名付け、はからずも殺してしまった狐の御霊を盛大に祀った。

だが、そんなことでは祟りは鎮まらず、それから間もない八月、彼は中風で倒れて、翌年の秋に息を引き取ってしまったのだという。享年五十七。

現在の北條稲荷神社に行くと「元亀元年六月時の小田原城主北條氏康霊夢に感じ創建せる」と石碑に記されているが、実はこんな事件があった次第である。

【蛙石】

のちに、北條稲荷神社は、元の小田原城の城郭の出入り口（山王口）があった辺りに遷座した。そしていつしか、狐よりも蛙で有名な神社になってしまった。

江戸時代に書かれた作者不明の東海道の宿場町を案内する『都路往来』に「蛙鳴くなる小田原の里」と書かれているのは、この北條稲荷にある蛙石の伝承のために他ならない。

これは元は小田原城の庭にあった石だと言われ、ガマガエルの形をしている。高さ四十三センチ、縦八十八センチ、横七十五センチだから、庭石としては小ぶりな方だ。

無論ただの石ではない。

災いが小田原を襲うときに、大声で鳴いて知らせるというのである。

豊臣秀吉の小田原攻めの折には昼夜を問わず鳴きつづけたとのことだ。

そういうことなら明治時代の大津波・小田原大海嘯《かいしょう》や大正時代の関東大震災の際にも盛んに鳴いた……かどうかはよくわからないが、津波に境内が呑まれたり地震で建物が被害をこうむったりしても、こゆるぎもしなかったのは確かだとか。

そんなに巨大なものではないから、不思議なことだ。同じように考える人が多いと見えて、最近では、小田原城の庭にあったというのは嘘で、元からこの場所の地下にあった岩盤の先端だろうと推測されている。地面の下に親蛙がいたりして。


【八王子城の首】

小田原城は難攻不落の城と言われ、上杉謙信や武田信玄ですら落とせなかったが、天正十八年（一五九〇）に豊臣秀吉によって開城させられた。箱根の山中城、伊豆の韮山《にらやま》城、上野国の松井田城と沼田城、武蔵国の鉢形《はちがた》城、そして私の故郷にある八王子城といった支城が攻め落とされた末の敗北であり、これをもって後北条家は取り潰しになった。

わけても八王子城は見せしめのために、あえて惨たらしく全滅させられた。

一人残らず首を刎ねよという命令が下され、たった一晩で城内の三千人あまりが死んで、狩り取られた生首は籠城を続ける小田原城に送られたのである。

豊臣勢の雑兵たちが生首を運んだ道は、現在は「下げ坂」と呼ばれてアスファルトで舗装されているが、元は「首提げ坂」といい、獣道のような山奥の小径だった。

小田原まで生首を早く運ぶためにショートカットで山道を切り拓いたらしい。

おびただしい数の生首は、士気を削ぐ役割を果たした。

小田原城からよく見える場所にずらりと並べられると、籠城を始めた当初は六万人もいた城郭内の民衆や味方の雑兵が五月雨《さみだれ》式に抜け出した。家臣の裏切りにもあって、降伏直後に四代目の北条氏政《うじまさ》は切腹、五代目の氏直《うじなお》は高野山に追放された。

そして氏政の首もまた、京都の聚楽《じゅらく》之橋に晒されたのであった。

勝山城《かつやまじょう》

所在地◆新潟県糸魚川市大字青海

築城◆治承 4 年（1180）頃

主たる城主◆須賀修理亮

アクセス◆【車】北陸自動車道・糸魚川 IC から 15 分

勝山城の築城は、平安時代末期から鎌倉時代初期頃とされ、源平合戦時に源義仲が京へ進撃する際にこの地を通るのを阻止するため、地元の豪族が城を構えたとの伝説がある。

戦国時代、越後国の戦国大名上杉謙信・上杉景勝の二代を通じて越後・越中の国境防衛の要であった。安土桃山時代には越中から侵攻する織田信長の軍からの防衛線として整備したことで知られる。当初の名を落水城といった。

謙信の死後、上杉景勝の代になると織田信長の家臣である佐々成政の軍が上杉領侵攻を狙い、魚津城、松倉城を攻略して来たため、景勝は急遽、落水城を整備し、自国領の絶対防衛線の最後の砦とした。その際に勝山城と名を改めた。

天正十三年（一五八五）に羽柴秀吉（のちの豊臣秀吉）が佐々成政を滅ぼした際に上杉景勝に会談を申し入れた。これを受けて上杉景勝は腹心の直江兼続を伴い、勝山城で羽柴秀吉およびその家臣の石田三成と会談を行った。この時に羽柴と上杉が同盟を結ぶ合意がなされたとされ、後世にはこの会談を『落水盟約』と呼んだ。

上杉景勝が慶長三年（一五九八）に越後春日山から会津百二十万石へ移った際に廃城となった。

釣れだ

川奈まり子

新潟県糸魚川市《いといがわ》大字青海にある勝山城跡は、古くは落水城《おちりみず》と呼ばれた山城だった。険しい山の頂にあるのが特徴で、海側の眼下には日本海が広がっている。内陸側からは北陸道を見下ろすことができ、戦国時代の山城としては絶好のロケーションだったと推察されよう。

落水の名の由来は海側の崖にある滝で、これは落水滝と呼ばれている。高さ五メートルほどの小さな滝だが、海沿いの峻厳《しゅんげん》な岩肌から滔々《とうとう》と流れ落ちるようすは美しく、遥かな昔から存在することを思うと、たいへん神秘的に感じられる。

越後と越中の国境に位置し、かつては上杉景勝《かげかつ》と羽柴《はしば》（のちの豊臣）秀吉が、この城で折衝したこともあるという。直江兼続《なおえかねつぐ》、石田三成《いしだみつなり》もその場に集っていたというから、戦国武将がお好きな方なら訪ねてみるといいかもしれない。

しかしながら――これは正直に明かしておいたほうがいいだろう――現在、勝山城跡は広大な県立自然公園の一部になっているのだが、熊や猪が出没する山を五十分も登らなければたどりつけない山頂にあり、そしてその山頂にはトイレも水道も無い。しかも、祠と本丸跡の標示があるのみで、往時の痕跡は乏しい。

同じ県立自然公園内なら、別のエリアにある海水浴場やキャンプ場のほうが人気が高い。城跡付近は、地元民の間では、もっぱら穴場の釣りスポットとして知られているようだ。

……少なくとも修也さんは、インタビューのとき、城の「し」の字も言わなかった。

その代わりに、ここで如何にスズキが獲れるかについて熱弁を振るって下さった。

「ルアーで夜釣りすると年中いつでも獲れて、ボウズは一度もなかったなぁ。スズキが最高なのは五月下旬ですが、他にもイナダやメバルなんかも釣れるから、季節を問わず通ってました。近くにあるドライブイン勝山というところの駐車場に車を停めて、鉄の階段で断崖を下りていってたんですよ。三十メートルも下りれば、海岸に着きます。テトラポッドや何かや砂浜があるわけですが、釣り人が来ないから、ほとんど入れ食い。本当に気に入ってたんですけどねぇ……」

釣り仲間でもある親友と二人で来ることが多かったという。他の人には、ここのことをあまり話さないようにして、日没後に二人きりでこっそり行っては、釣りを愉しんでいた。

ドライブイン勝山は何年も前に廃業したが、露天の駐車場が開放されているため、勝山城周辺を訪れる人々がよく車を停めていた。

さて、スズキが稚鮎を追って糸魚川河口付近に集まってくる五月下旬のことである。

二人とも家族と夕食を済ませて来たので、海辺に下りたときには午後九時を過ぎていた。

月が明るい晩で、少し目が慣れてくると、懐中電灯で足もとを照らさなくても歩けるほどだった。浜には誰もおらず、穏やかな潮騒だけが辺りを支配していた。

砂を踏む自分たちの足音が耳障りで、この静寂を壊すのが申し訳ないような気がした。

つまり、それほど静かな夜だった。

修也さんと友人は砂浜を少し歩き、河口の近くに腰を据えた。

二人は、お互い邪魔し合わないように、三十メートルほど距離を開けて座り、準備が整うと、それぞれおもむろに釣りはじめた。

「おっ、来だ！」

「早ぇな！　こっちは、まだ……あ？　来だ来だ！」

すぐに魚が掛かりだして、どちらも夢中になった。

集中すると人は無口になるものだ。しばらくは黙々と釣りを続けた。

小一時間もした頃だった。

どこからか、慌ただしい足音が聞こえてきた。誰かが砂を蹴立てて走ってくる。

足音がどんどん接近してきたので、修也さんはそちらを振り向いた。

ところがそこには誰もいなかった。その間にも、足音だけはバタバタと忙しなく走りつづけて、とうとう彼の真後ろを駆け抜けていった。

足音が走っていった先には友人がいる。

修也さんは、友人も足音に気がつくだろうと思って、そちらを注視した。

だが彼は動じることなく釣りに入り込んだままで、見る間にまた一匹、大物を仕留めた。

——負けてはいられない。

修也さんは首を振って気分を切り替え、釣ることだけを考えようとした。

しかし数分後、さっきと同じ足音が、今度は友人がいるほうからこっちに向かって駆けてきた。無視しようと頑張ったけれども、背中をかすめるようにして真後ろを駆け抜けていったので、とうとう我慢できなくなった。

友人のところへ飛んでいくと、「今、こっちに走ってきだ?」と訊ねた。

「おいが? おいならずっとここさいだよ(俺が? 俺ならずっとここにいたよ)」

「じゃ、じゃあ、足音は? 聞ごえだべ?」

砂浜を走る足音について説明すると、友人は苦笑いして、こう言った。

「気のせいだ。そんた変なものはなんもかも、気のせいだで思うに限る」

修也さんは「そうがぁ?」と引き下がり、とりあえず場所を変えてみた。

砂浜だから足音が気になるのだ。岩やテトラポッドの上ならば、大丈夫だろう。

そう考えたのである。

そこで、テトラポッドの上に陣取ると、改めて海面に釣り糸を垂れた。

ところが、すぐにまた、明らかに人の気配と思しきものが背後から忍び寄ってきた。

——気のせいだで思うべ! 気のせい! 気のせいなんだ!

フッと左耳に吐息がかかった。反射的に左側を振り向いた。

……暗い浜の景色が広がっているばかりであった。

暖かい晩なのに、全身に鳥肌が立った。

抑えきれない恐怖が足もとから背筋を這いあがり、ブルブルと体を震わせた。

友人のほうを見やると、釣り人の手本のような姿勢で平然としている。

そこで、彼は丹田《たんでん》に力を籠めて、怖さに耐えようと試みた。

しかし、その直後、

「釣れだ？」

耳もとで、しわがれた老婆の声が囁《ささや》いた。

修也さんはテトラポッドから転がり落ちてしまった。

糸魚川市の海岸には、時折、水死体が漂着するようだ。

直近では令和二年（二〇二〇）の四月、ひと月の間に二体も亡骸《なきがら》が流れ着いている。

だから彼が遭ったのは砂浜に打ちあげられた人の幽霊だ……と決めつけるのは早計だが、何かがいたことは確かである。

と言うのも、その後、例の友人がこう述べたのだった。

「じつはね、おいにも妙な音は聞ごえでだよ。んだども気にしねがったんだ！」

この出来事があってから、修也さんたちはここでは夜釣りをしていない。

北《き》ノ《の》庄《しょう》城《じょう》

所在地◆福井県福井市中央
築城◆天正３年（1575）
主たる城主◆柴田勝家、結城秀康、松平忠昌
アクセス◆【鉄道】福井駅から徒歩５分　【車】北陸自動車道・福井 IC から 10 分

北ノ庄城の前身は南北朝時代に北朝方の斯波高経が築いたと考えられ、その後北庄朝倉家の拠点となった。だが織田信長配下の軍勢により朝倉氏が滅亡し、天正三年（一五七五）に織田家中の柴田勝家がここに築城。

天正九年（一五八一）に宣教師のルイス・フロイスが来訪した時は拡充工事中だったが、その規模の大きさを本国への手紙で報告し、城や家の屋根が石製の瓦でふかれていたことを伝えている。

のちに羽柴秀吉が小早川隆景に宛てた書状では北ノ庄城の天守を九重と表現しているが、実際に九階建てではなく高層の建造物の意味と考えられている。

一説では安土城の倍の規模をもつ要害だったとされる北ノ庄城だが、天正十一年（一五八三）の北ノ庄城の戦いで勝家は秀吉に敗北。妻・お市の方とともに自刃し、建造物はそのほとんどが焼失した。

慶長五年の関ケ原の戦いのあと、当地を拝領したのが徳川家康次男・結城秀康だった。その翌年から城の再建工事に着手し、およそ六年をかけて完成したとされた。

それがのちに福井城に改名される。

北ノ無惨拾遺抄

川奈まり子

【鮮血のほととぎす忌】

「夏の夜の　夢路はかなき　あとの名を　雲居にあげよ　山ほととぎす」

「さらぬだに　うちぬるほども　夏の夜の　夢路をさそふ　ほととぎすかな」

これらは、前者が柴田勝家《しばたかついえ》、後者は妻・お市の方が詠んだ辞世の句だ。

天正十一年（一五八三）四月二十四日、二人は北ノ庄城で八十名あまりの殉死者と共に壮絶な最期を遂げた。

羽柴秀吉こと後の豊臣秀吉との戦いに敗れ、本拠地の越前で落城を迎えることになると、勝家は切腹を決意した。するとお市の方は共に自決することを選び、直臣や柴田一族の者たちと落城前夜に酒宴を催すことになったのである。

その後、介錯人の中村聞荷斎《なかむらぶんかさい》を残して、勝家はお市の方をはじめとするほぼ全員を斬殺した後、己の左脇腹に刀を突き立てた。

これが尋常な割腹ではなかったとする説がある。

まずは刀で左から右へ横一文字に腹を裂き、そこから刃を返して臍《へそ》まで引き戻すと、次にみぞおちまで縦に切り裂いたとか……。無論のこと鮮血が滝のごとく溢れ、はらわたが飛び出す。と、それを我が手で掴んでズルズルと引き出したと言われているのである。

嘘か真か。伝えられるところによれば中村聞荷斎の介錯も苛烈であった。

一面の血の海に、おびただしい殉死者らと勝家の亡骸が横たわる中、聞荷斎は城に残った火薬に点火、遺体もろとも自らの体も吹き飛ばして爆死したのだ。

その後、城に火が放たれて、勝家の北ノ庄城は灰燼《かいじん》に帰し、以来、四月二十四日は越前の住民らから「ほととぎす忌」あるいは「柴田忌」と呼ばれるようになったという。


【九十九橋の怨霊】


怪異の噂が立ったのは、勝家の一周忌が過ぎた後のことだった。

四月二十四日の夜、焼け落ちた北ノ庄城からほど近い足羽川《あすわがわ》に架かる九十九橋《つくもばし》に柴田軍の行列が現れたというのだ。

騎乗した勝家が率いる武者の一群。彼らには、ことごとく首が無かった。

九十九橋を疾駆して闇の奥へ消えていくこの幻の軍勢を見てしまった者は血を吐いて死んでしまうと言われるようになった。

やがて江戸時代に入り、城の名が福井城に変わってもほととぎす忌の怪異は続いた。

じつは北ノ庄城は、勝家が築城した城の跡地に、江戸時代初期の慶長十一年（一六〇六）に家康の次男・結城秀康《ゆうきひでやす》が建てた城も当初は北ノ庄城と呼ばれていた。

それが三代目福井藩主を務めた松平忠昌《まつだいらただまさ》によって「福居城」に改められ、さらにその後「福井城」に名を変えたのだ。

それからは、越前松平家が十七代にわたり約二百七十年も平穏に城を治めた。

――ところが首の無い武者行列は、あいかわらず九十九橋に出没した。

しかもだんだんと「供の者たちは白装束だった」だの「無数の鬼火に照らされていた」だのと噂に尾ひれがついていった。だが目撃者は翌朝までに死んでしまうのだから、いったい誰が証言しているのやら疑わしくもあり、やがて無駄に関心を持つ輩が現れた。

表具屋の佐兵衛もその一人。ひと目でいいから見てみたいと好奇心を募らせた挙句、享保十七年（一七三二）のほととぎす忌についに決行したのである。

橋の南詰で木陰に隠れて今か今かと待っていると、丑の刻、つまり午前二時頃になって向こう側の北詰の奥から馬に乗った戦国武将が現れた。

柴田勝家だ！　と、佐兵衛は一気に興奮した。

勝家にも、後に続く武者たちにも首が無く、橋を渡り終えると先頭から闇に溶けるかのように姿が見えなくなっていった。

佐兵衛は、この光景を目に焼きつけた。そして家に帰るとすぐにこれを絵に描いた。

仕事柄、彼は手先が器用で絵心があった。よく描けたと思ったが、命を盗られると評判の怪異をわざわざ見物しに行ったことが女房にバレるのはまずい。

そこで、とりあえず客から預かった品物の箱に絵を隠した。

――明くる朝、佐兵衛は変わり果てた姿で発見された。蒲団の中で血反吐に塗《まみ》れて事切れていたのである。そして数日後、佐兵衛に表装を依頼していた客・福井藩士の糟屋伝左衛門がやって来て、何も知らずに例の箱を受け取った。

屋敷に持ち帰って開けてみたところ、異様な武者行列の絵が出てきたので、伝左衛門は佐兵衛の死因は勝家の祟りに違いないと思い、すぐさまこの絵を火にくべた。

すると絵が翼を得たかのように空中を舞い狂って火の粉をまき散らし、大火災が惹き起こされて、伝左衛門の屋敷と隣近所がまる焼けになってしまったのであった。

こうしたことがあり、それからも首無し武者の行列を恐れる者が絶えなかったので、幕末の福井藩主・松平慶永《よしなが》（後の春獄《しゅんがく》）は四月二十四日の夜間外出禁止令を出した。

怪異が鎮まったのは柴田神社を建立して勝家の霊を祀った後のことだった。

時はすでに明治二十三年（一八九〇）。勝家の死から三百年近くが経っていた。

【寛文九年の大年の大火】

城の天守閣と城下町を焼いた寛文九年（一六九九）の大火の折には、数々の奇怪な現象が目撃された。

火事の前兆として、まずは城下町の上空を鎧武者の亡霊たちが行軍する姿が見られた。

また、火災が始まった後には、巨大な法師が現れた。たまたまこれを目撃した松岡藩主の松平昌勝《まさかつ》によれば、法師は天守閣に覆いかぶさるように立って、手にした団扇で火に風を送っていたとのこと。

【一国女】

二代藩主・松平忠直《ただなお》は酒色に溺れ、「一国《いっこく》」という寵姫を囲った。絶世の美女である一国はニコリとも笑わない女だったが、あるとき罪人の処刑を見て微笑んだ。そこで忠直は試しに人を嬲《なぶ》り殺しにしてみせた。すると彼女は上機嫌になった。忠直は一国の歓心を買うために、誰彼かまわず人を殺しはじめた。悪事は長く続かず、やがて忠直は豊後国《ぶんごのくに》に配流され、一国は斬殺されて福井城下の一乗寺の門前に亡骸が投げ捨てられた。

その後、彼女は幽霊となって城の北西のやぐらに棲みついた。とある若い藩士は、深夜やぐらから出てきた一国の亡霊に出遭った。彼女は正面から見れば今も美しかった。しかしその背中は化け物じみた形でヌルヌルしており、彼に姿を見られたと悟ると、「私のことを誰かに話したら、お前はすぐに死ぬだろう」と告げた。主人にこの出来事を打ち明けたところ、彼は本当に死んでしまった。

丸《まる》岡《おか》城《じょう》

所在地◆福井県坂井市丸岡町霞町

築城◆天正 4 年（1576）

主たる城主◆柴田勝豊、本多成重、有馬清純

アクセス◆【バス】福井駅から 60 分、丸岡駅から 10 分「丸岡城」下車すぐ

【車】北陸自動車道・丸岡 IC から 10 分

丸岡城は、天守が重要文化財の指定を受けている名城である。城が敵襲にあった際に大蛇が現れて霞を吹き出し、城を守ったという伝説から「霞ヶ城」とも呼ばれている。織田信長の家臣・柴田勝豊が築城し、家臣・安井家清が城主になったがその後、柴田勝家が豊臣秀吉によって北ノ庄城で滅ぼされると、この地は丹羽家家臣の青山宗勝が置かれた。さらに関ケ原の戦いで西軍が負けると越前国は勝者徳川家康の次男・結城秀康が統治し、丸岡城には結城家家臣の今村盛次が入城した。だが盛次は農民の結婚騒動から発展し徳川家康まで巻き込んだ「越前騒動」により失脚する。慶長十七年（一六一二）、藩祖・秀康の家臣であった久世但馬守の領する村の農民の娘が、別の家臣・岡部自休の領する村に嫁いでいたが夫が音信不通になったことから実家に戻り再婚した。数年後、前夫が帰郷し妻が勝手に再婚したことに怒り諍いとなり再婚した現夫が何者かに殺害されるという事件が起こった。久世はこれを前夫の仕業と思い、報復として、家臣に命じて密かに前夫を殺させた。そこから日頃から確執のあった家臣同士の武力衝突となり、ついには幕府の直裁という事態にまでなったのである。

霞ヶ城伝説

川奈まり子

【皇子の丘と龍の川】

丸岡城の天守閣はゆるやかな丘の上に建った三階建ての建物で、最上階から坂井平野を一望する。

九頭竜川《くずりゅうがわ》が運ぶ泥や砂礫が堆積して出来た肥沃な大地であるこの平野は、一説によれば若き継体天皇が拓いたと言われている。

――その頃、即位前でまだ男大迹《をほど》と名乗っていた継体天皇は、現在の丸岡地区辺りの小高い丘に住みながら周囲の土地を開拓していた。

その際に九頭竜川の守護を祈願して、二柱で一対の水神となる高龗大神と闇龗大神を黒龍神社に祀った。

そして息子・椀子皇子《まろこのおうじ》が生まれると、赤子の胞衣を家のそばに埋めた。そこは皇子の名にちなんで磨留古乎加《まるこのおか》と名付けられ、椀子皇子を祀る國神神社が建てられた。

磨留古乎加が丸岡の地名の由来だ。つまり、こうした一連の神話的な古代伝説を信じるならば、おそらく丸岡城は皇子の胞衣の上に建っていたことになる次第だ。

ちなみに、九頭竜川は古くは黒龍川と呼ばれていた。

名前が変わったのは平安時代のことだ。寛平元年（八八九）この付近の平泉寺に祀られていた神仏習合の神・白山権現が人々の前に顕現して、自らの尊像である十一面観音菩薩像を黒龍川に流した。すると水面から頭が九つある龍が姿を現して、尊像を捉えると、川を下っていった。そこで九頭竜川に名を改めたとのこと。

【霞の由来】

現在の丸岡城は昭和時代の福井地震で倒壊した後に再建された天守閣と石垣を残すのみとなっているが、本来は五角形の堀をめぐらせた城郭にやぐらなどを備えていたという。

実は、丸山城は下手をしたら更地にされかねない状況を何度か乗り越えてきており、全面改修もしくは増築も行われたらしいことが今日では判明している。

たとえば私たちが見学できる天守閣が建てられたのは江戸初期の寛永時代のことで、おそらく初代丸岡藩主・本多成重《ほんだなりしげ》が城の改修と造営をしたのではないかと推論されている。

しかし最初の築城は戦国時代、織田信長の治世までさかのぼる。

信長は越前の一向一揆を平定すると、柴田勝家に北ノ庄城を建てさせ、勝家の甥の柴田勝豊《かつとよ》には豊原寺《とよはらじ》城を与えた。

豊原寺城の付近には一向宗の残党がおり、勝豊の兵は残党との小競り合いに明け暮れるようになり、丸岡城に移った後も攻防が続いたという。

しかし襲来されるたびに、天守閣のそばに今もある「雲の井」から現れた巨大な蛇が口から霞《かすみ》を吐いて、城の周りに煙幕を張ってくれたのであった。

お蔭で勝家は何度も被害を免れたそうだが、他方、こんな言い伝えもある。

丸岡が生んだ昭和の民俗学者・伊東祐忠が著した論考『丸岡城と伝説』によれば、あるとき城が攻め落とされそうになったところ、一人の姫君が「私の命を捧げますから、お城をお守りください」と言って井戸に身を投げた。

すると井戸の中から霞が湧いてきて城を覆い隠したというのだ。

江戸から明治維新直前まで六代にわたって城主を務めた有馬家では、こういった伝説をけて「雲井龍神」という祠を建てた。

雲井龍神――龍は大蛇に通ずると共に、九頭竜伝説、ひいては黒龍神社を祀った継体天皇を思い起こさせ、井戸の縁起も一目でわかるではないか。

以上が、丸岡城が霞ヶ城とも呼び称されるようになった由縁である。

【人柱お静】

柴田勝豊は天正四年（一五七六）に初めの丸岡城を築城するにあたって、天守閣の石垣に苦労させられたようだ。

何度やっても上手くいかない。どうしても崩れてしまう。

困っていると、「人柱《ひとばしら》を入れてみたら如何でしょう」と提言する者があった。

人柱とは人身御供の一種だが、古来日本では、橋や堤、城を建てるといった偉業を成し遂げるために生身の人間を一柱の神と成す側面があったという。

石垣に御霊を入れたら神秘的な力が働いて、石積みが出来るようになるのでは……。

そう考えるのが自然だった時代である。

さっそく城下から人柱が選ばれて連れてこられた。見れば、いかにも貧しげな女で、幼い男の子を二人連れていた。片目が潰れており、どうやら夫や後ろ盾もないようす。

「名は、なんと申す?」

「静といいます。私はこんなありさまで、この子たちに満足に食べさせてやることも出来ませんから……どうか……どうかうちの子をお侍に取り立てていただけないでしょうか。約束してくださったら人柱にでも何にでもなりますから、お願いします」

と、たぶんこんなふうに女は必死に嘆願し、見る者の哀れを誘ったのだろう。

お静の願いは聞き届けられ、彼女は天守閣の柱の下に埋められた。

ところが、それから六年後に本能寺の変が起きて天下が様変わりし、城主の勝豊は近江に去り、叔父の勝家が安井家清《やすいいえきよ》という家臣を城代として派遣してきた。

彼女の息子たちは元服しておらず、約束はまだ果たされていなかった。

さらに翌年には勝家が切腹して柴田家が滅んだ。

これにより、遺児が武士になる道は完全に断たれた。人柱の約束を知っている家臣は全員死ぬか逃げるかして、誰もいなくなってしまったから。

お静は嘆き悲しみ、ささやかな怨霊となった。

その頃は春が来ると、掘割に生えた藻を刈るために城下町の人々が城に集められていた。そのたびにお静は驟雨《しゅうう》を降らせてお濠の水を溢れさせた。

すると、いつしか「これはお静さんの涙雨だよ」と言ってくれる者が現れたのであった。

あまり怖い祟り方ではない。お静は心根の優しい人だったのだろうか。

女の幽霊が天守閣をさまよっているという噂が今日でも絶えないところを見ると、いまだに成仏はしていないのかもしれないが。

ともあれ、こうした経緯で丸岡城にはお静の慰霊碑が建てられた。そこには弱い者への同情と、そしてたぶん、ひそかな怒りがこめられた、こんな俗謡が刻まれている。

——ほりの藻刈りに降るこの雨は、いとしお静の血の涙。

松本城《まつもとじょう》

所在地◆長野県松本市丸の内

築城◆永正元年（1504）

主たる城主◆石川数正、小笠原秀政、水野忠清

アクセス◆【鉄道】松本駅から徒歩 20 分 【車】長野自動車道・松本 IC から 20 分

戦国時代の永正年間（一五〇四年頃）に信濃守護の小笠原貞朝が築城した深志城がはじまりと言われている。その後武田信玄が小笠原長時を追い出すと北信濃への侵攻の拠点として、深志城を改修したとされるがはっきりとしたことは不明である。

その後武田の統治が三十二年間続くが、天正十年（一五八二）織田信長によって武田氏が滅ぼされると、木曽から入った木曽義昌、それを追って上杉景勝の後ろ盾を持った小笠原洞雪と城主が変わっていった。そして武田に追い出された小笠原長時の嫡子・貞慶が深志城を奪還して松本と改めた。

領内の安定と、城郭と城下町の整備を始めた貞慶だったが、徳川家康の関東移動にともなって古河へ移ることになり、八年間いた松本を離れた。この後、豊臣秀吉の命を受けた石川数正が松本へと入る。数正は小笠原貞慶が手を付けた城郭の整備と城下町の拡充を引き継いた。その後秀吉の朝鮮出兵中に滞在先で死去した数正に代わり、息子の康永が急ピッチで松本城天守の建築を進めた。

現存する天守の建物を残す城は十二で、そのうち五重の天守を持つのは松本城と姫路城だけである。もちろん国宝である。三重の水掘に写った天守の姿は絶景である。

ちょっと、きみ

丸山政也

松本市の丸の内地区は国宝松本城を含む周辺地域の町名だが、市役所や裁判所、市立博物館や日本銀行松本支店などの官公庁の集まるエリアとして発展している。

松本市内の高校に通うB君の話。

B君の学校は、丸の内地区の北側の、国立大学や各種学校が建つ文教エリアにある。

二年前の夏の夕方、自転車通学をしているB君は、部活帰りに丸の内地区のある交差点で信号待ちをしていると、

「おい、ちょっと、きみ」

突然、背後からそう呼ばれたので、えっなんだろう、と振り返ったが誰もいない。空耳だったかと前を向いたが、そのとたん、

「きみ、ちょっと、きみ」

確かにそう聞こえたので、再び後ろを向いてみたが、やはり近くに人の姿はなかった。

周囲を見廻しても遠くに走る車が見える程度で、人の気配などないため不思議でならなかった。

信号が青になり自転車を漕ごうとしたところ、なぜか少しも前に進まない。見えない何かがハンドルの前に立ち塞がって、逆の方向から押さえ込んでいる――そんなふうにしか思えなかった。

いったい、どうなっているのか。

すると、今度は自転車のタイヤの空気がみるみるうちに減っていく。

両輪ともに、である。

あげくには走行不能なほどぺちゃんこになってしまったので、これは困ったなと自転車から降りた。

押して帰ろうかとタイヤを見ると、どうしたことか、空気がもとに戻っている。

その間わずか一、二秒ほどしか経っていない。

ますますわけがわからない。

信号を見ると赤に変わっていたが、その場に自転車を放るように置くと、道路を走って渡った。逃げるようにして自宅へ帰ったという。

翌朝になって自転車を取りに行ったが、入学祝いで買ってもらったばかりの最新型だったので、誰かが持ち去ってすでに無くなっているものとB君は半分諦めていた。

ところが、昨日の夕方のまま、横になった状態で交差点の歩道に置いてあったそうである。

＊

公務員のDさんの話。

五年前の年末の、ある夜の出来事だという。

その日は友人たちとの忘年会に出席するため、繁華街の居酒屋へ急ぎ足で向かっていた。

ライトアップされる松本城を横眼に歩いていると、

「おい、ちょっときみ、まちたまえ」

背後から突然そんな声が聞こえたので、立ち止まって振り向いてみたが、声をかけてきたような人など、どこにもいない。

気のせいかと思い、再び歩き出したが、しばらくすると、

「きみ、ねえ、ちょっと――」

やはり誰かが呼び止めている。すぐに振り返ってみると、ヒトガタをした白い靄《もや》のようなものが歩道の上に立っていたので、Dさんは吃驚《びっくり》して言葉を失った。

後ずさりしながらその場から離れようとすると、白靄は滑るように移動し、Dさんのすぐ眼の前で忽然と消失した。

「過去に一度だけそんなことがありました。似たような経験をしたことがないかと同僚にも訊いてみましたが、そんなことあるわけないだろうって、散々笑いものになりました

よ。でも――」

後日、酒の席で上司にその話をしたところ、ちょっと待てよ、といって、何か考え込んでいる。すると、スマートフォンを取り出して、しばらく弄《いじ》っていたかと思うと、

「あったあった、これ見てみろよ」

そう言いながら画面を見せてくる。

昭和六十年（一九八五）に松本市丸の内地区で陰惨な殺人事件が起きたという記事だった。

警ら中の警察官に職務質問された若者がバイク盗の発覚を恐れ、突然、刃物で襲いかかったのである。必死の抵抗もむなしく、若者の執拗な攻撃によって殉職したという。

小岩嶽城《こいわたけじょう》

所在地◆長野県安曇野市穂高有明

築城◆天正 11 年（1583）

主たる城主◆仁科盛国、小岩盛親、市川信房、古厩盛勝

アクセス◆【バス】穂高駅から 15 分「小岩岳別荘入口」下車徒歩 20 分

【車】長野自動車道・安曇野 IC から 30 分

大永二年（一五二二）、信濃国守護・小笠原氏臣下の仁科盛国が築城した。仁科氏は小笠原氏とは抗争を経て臣下に入った経緯があり、配下ではあったが小笠原氏を警戒する狙いがあったものと考えられる。

天文年間、武田晴信（信玄）は信濃への侵攻を開始。天文二十年（一五五一）、平瀬城を落としさらに小岩嶽城を攻めるが、城は落ちず、武田軍は宿城（城下町）に火を放ち引き上げた。翌年再び武田軍が来襲。三千人の兵で五百人で守る小岩嶽城を猛攻撃。城主の小岩盛親は三か月にわたる籠城の末自刃した。その様子を『妙法寺記』では五百人を討ち取り、数え切れないほどの足弱（老人や婦女子）を生け捕った、とあるから相当凄惨な落城劇だったのだろう。

その後、小岩嶽一帯の元々の領主である古厩氏は武田氏に従っていたが、天正十年、武田氏滅亡後は小笠原貞慶が旧領に復帰し、古厩氏も小笠原氏に従った。

しかし翌年、小笠原氏に逆心を企てたという理由で成敗された。小岩嶽城はこの時点で廃城になったと思われる。

現在は城址公園となっているが当時の寂しさを漂わせているようである。

小岩嶽城址公園

丸山政也

五年前の夏のことだという。

在野で山城を調査しているIさんは、安曇野市穂高有明の小岩嶽城址公園に行ったそうである。黒く塗られた厳めしい造りの模擬門をくぐったとたん、気温が三十度を超す猛暑日だというのに、腕に鳥肌が立つのを感じたそうだ。

それはこの山城で起きた悲劇を知っているからだろうと思ったが、そんなことは何も知らずに一緒に来ていた妻が、何か言いたげにIさんの顔をちらちらと見てくる。

どうしたのかと問うと、

「なぜだかわからないけど、急に躯が冷えるのよ。もしかしたら夏風邪でもひいちゃったのかしら」

そういってTシャツから出た腕をさすっている。

虎口や曲輪、土塁や傾斜の石垣など、現在も残っている遺構を端からカメラで収めていく。

ふたりで歩きながら戦没者慰霊碑の前に来たとき、一瞬、妻がよろめいたかと思うと、その場に倒れこんでしまった。

慌てたIさんは大きな声で妻の名前を呼んでみたが、眉間《みけん》に皺《しわ》を寄せて、何か悪夢でも見ているかのような表情をしている。何度声をかけても眼を開けないので、どうやら気を失っているようだった。何か悪い病気かもしれないと、救急車を呼ぶために携帯電話を手に取ったとき、妻がぱちりと眼を開けた。

「ここで大勢の人たちが亡くなっているわ。あなた、そのこと知っていたんでしょう?」

眼を閉じていたわずか一、二分の間に、妻は多くの断片的な恐ろしい映像を見たというのだった。夫が自分を呼ぶ声は聞こえていたが、それどころではなかったというのである。

泣き叫ぶ女や子どもたち、這いつくばりながら命乞いをする老人、無残に斬り殺された粗末な鎧を着た男たち、鍬《すき》や鍬《くわ》を手にした農兵らしき者の死骸、泥や血に塗《まみ》れた数え切れないほどの生首が地面に並んでいるようす――。

まさに今、眼の前で起きているかのように生々しい映像だったという。

それを聞くなり、Iさんは妻の躯《からだ》を支えながら急いで公園から出たそうである。

天文年間(一五三二~一五五五)、武田晴信《はるのぶ》(のちの信玄)は信濃に侵攻を開始したが、天文二十一年(一五五二)八月十二日に武田軍は三千人の兵によって、五百人ほどで守っていた小岩嶽城を攻めた。

そのときの城主、小岩盛親《もりちか》は三ヶ月もの籠城の末に自害し果て、十一月十四日に落城したといわれている。

記録には「打取ル頚五百余人、足弱（女性や老人）取ル事数ヲ知ラズ」とあり、侍以外にも城内に逃げ込んだ民衆が多くいたようだが、皆殺しにされてしまったという。

大阪城《おおさかじょう》

所在地◆大阪府大阪市中央区大阪城

築城◆天正 11 年（1583）

主たる城主◆豊臣秀吉、徳川秀忠

アクセス◆【鉄道】谷町四丁目、森ノ宮、大阪城公園、大阪城北詰、天満橋など各駅から徒歩すぐ【車】阪神高速 13 号東大阪線・森之宮出口からすぐ

豊臣秀吉の居城としてのイメージが強い大阪城だが、もともとは浄土真宗の石山本願寺があり堀や土塁を備えるなど城郭化していた。織田信長は交通の要所であったこの地に価値を見出し明け渡しを要求。だがそれを拒んだ本願寺側と十一年にも及ぶ石山合戦が行われ、織田信長のものとなる。その後の本能寺の変を経て信長の後継者となった秀吉は天正十一年（一五八三）、豊臣大坂城を築く。金箔瓦を施した五層八階（七階説もあり）の大天守や「千畳敷の大廊下」や御殿などが立ち並ぶ五つの郭と、城下町ごと囲む総構えを持つ豪華で壮大な城となった。しかし、豊臣権勢の象徴となったその城も、大坂冬の陣の後、家康が城の外堀を埋め、元和元年（一六一五）、大坂夏の陣で豊臣氏は城と共に滅ぶ。城はその後、徳川氏のものとなり、徳川家康の死後の元和五年（一六一九）、二代将軍の秀忠は大坂を幕府直轄地とし、幕府の軍事拠点を担う。

江戸時代には三度の落雷を受ける。一度目は火薬庫に落雷して大爆発、二度目は天守の鯱に受けて天守を喪失した。

幕末、新政府軍に城の引き渡しが行われた一八六八年、本丸御殿の台所より出火し、場内の建造物のほとんどすべてが焼失した。

大阪城の怪談

田辺青蛙

私は京橋在住なので、家の近所を歩くと、川向こうに立派に聳え立つ大阪城の天守閣が目に入る。気分が沈んだときも、遠目にもきらきらと光る金の虎と緑の屋根が見えると、ちょっと前向きになれる。

そんな大阪城に雨の日、新聞社の記者さんと天守閣で北川央さんとの取材のために向かった。普段なら大勢の観光客で賑わっているはずなのだが、その日は生憎の天気とやはりコロナ禍の影響もあってか、人影はまばらだった。

大阪城天守閣内にある一室に入ると早速、館長の北川央さんが現れ、色々な話を伺った。その中で、一つ驚いてしまったのが、大阪城に曰く付きの物を持ち込んでくる人がいるというお話だった。

どんな品がというと、たとえば絵巻物。大坂の陣の激闘のようすを描いたものや、幕末に京都で頻発した天誅事件で首が晒されたようすが描かれており、いずれも触ると祟りがあると言われ、家に置いていても気持ちが悪いので引き取って欲しいと言われたとのこと。

また所蔵品の中には、江戸時代の幕府の首切り役人が実際に首切りに使用した刀もあるそうだ。

そうした物があるからなのか、どうかはわからないが、警備のスタッフから、誰もいない展示室から話し声が聞こえると言われたことがあるらしい。

関ヶ原の戦いで西軍敗北の原因の一つを作った武将の小早川秀秋《こばやかわひであき》の肖像画に話しかけられ、仮眠をとれないと、苦情を訴えてきた警備員もいたそうだ。

また大阪城内には、発掘された豊臣時代の石垣遺構を保存している空井戸状の施設があり、いつの間にか、しめ縄が張られていることがあるという。

かなり気を付けて警備の人たちが何か変化や不審物はないかと城内を見周りをしているそうなのだけれど、いつの間にか警備の隙をついて、井戸にしめ縄が張られてしまう。

犯人は未だにわからず、誰がなんのためにしているのかは不明なのだという。

他にも「怨念が渦巻いている」と言って、大阪城天守閣の周囲に日本酒を撒いて清めに来る人がいるそうだ。

この話を聞いて、四年ほど前に大阪城内を散歩していたとき、和服姿の男女に「私たち、大阪城の結界を守る会なんです！」と声をかけられたことを思い出した。

なんでも徳川家康によって埋められた、豊臣秀吉の城そのものの怨念とやらが、地面から染み出していて、その思いがじわじわと大阪に悪い物を引き寄せているらしい。

それを止めるために、城の気が噴出している場所にしめ縄を張っているのだという。

彼らが大阪城の警備の目を盗んで、しめ縄を井戸に張っているのかどうかは不明だけれど、ともかくそういう団体の人たちはいて、今まで三回ほど声をかけられている。

メンバーの顔が毎回違うような気がするので、かなりの人数の大きな組織なのかもしれない。


これは、大阪城での取材が終わってからしばらく経った日に、オンライン取材で、大阪に四十年以上住んでいるという川原さんから聞いた話になる。

「大阪城の敷地内に、秀頼《ひでより》・淀殿《よどどの》ら自刃の地と記された石碑があって、そこをさらに奥に行くと柵で囲われた古びたコンクリート製の階段があるんです。

周りにどんなに観光客がいても、いつもその場所はひっそりしていて、以前からそこは異世界みたいな雰囲気があるなあって感じるんです。

三十年ほど前の話なんですけどね、そこの石段に強く頭をぶつけて自害を試みた人がいたんです。血を吹き出しながらね、額を何度も何度も石段にぶつけ続けててね。

私と近くにいた人が一緒に驚いて、ガンガン頭ぶつけてる人に走り寄って、何してるんです！　って聞いたんです。

そしたらね、その人、誰かに、そうしないといけないって石段の上におった女性に何回も言われたから……って答えるんですよ。石段も血でぐちゃぐちゃで、もうすごい姿でしたよ。

それをね、私、今も夢に見るんです。だからあそこは、よう近寄りません」

そう言って、画面越しに見える川原さんは、自分の体を両手で抱きしめて身震いしていた。

蛙石

田辺青蛙

「蛙石《かえるいし》って知ってはります？　大阪城にあるやつ」

怪談イベントの打ち上げのときに、こんなことを聞かれた。

「蛙石ですか？　奇石の話を集めた木内石亭《きうちせきてい》の『雲根志』に載ってるやつですよね。もちろん知ってますよ！

蛙石は蛙の形をした石で、もともとは河内の川べりにあった殺生石であったと言われていて、石好きの豊臣秀吉に献上されたところ、秀吉にめっちゃ気に入られたんですよね。秀吉は大阪城内の蛙石の上に座って思案していたって伝説もあるんですよ。

でも、大阪城落城の際に、亡くなった淀君や女房衆の遺体が蛙石の下に埋められてしまって、その怨念がこの石に籠もってしまって、それ以来石から身投げする人があとを絶たなかったっていう話ですよね。他にも、大阪城の堀から身投げをした人は、この石のところに必ず流れ着くとか。高槻にも思案石っていう似たような話と石があるから、お堀の側にあった石は自殺を呼ぶのかも知れませんね。

ああ、それだけやなくって、昭和の半ばにも蛙石から飛び込んだ人がいて、警察が取り調べたら石に座って写生していたら、着物姿の女性に呼ばれて気がついたら堀の水の中やったと答えたとか。今は奈良の元興寺に安置されていて、毎年七月七日に供養祭が行われていますよね」

「むっちゃくちゃ話すなあ。いや、そういうのじゃなくって、もっと本物の蛙寄りの石。僕の姉がね、銀杏拾いするから、朝早く大阪城に行ってね。

そしたら銀杏の殻くらいの大きさの石に、蝦蟇《がま》蛙の足みたいなのが生えていてひょこひょこ歩いてるん見たんです。気持ち悪いけど、珍しいから捕まえようって、銀杏拾いに使ってた火鋏《ひばさみ》でつまもうとしたら、ぴょーんって跳ねて逃げてったんです。仕方ないから待ってーって追いかけたら、ぽちょんっと堀のほうに飛び込んで行ったって。

田辺さん、名前に蛙ってついてるし、こういう話詳しいっていうか、知ってるん違うかなあと思ったんですが、どうです?」

「いや、初めてそういうの聞きました。大阪城って何か変なもん見たって話、多くないですか?」

「僕は大阪城の辺りはまったく行ったことないんで、話振られても困るんですけど」

「そうですか、すみません」

話はそれで終わり、打ち上げも適当なところで解散となってしまった。

京橋の化け物屋敷

田辺青蛙

大阪城には化け物屋敷と呼ばれる区域があり、案内板も立っている。

案内板や調べた資料によると、大阪城内の京橋口の定番は、そこに物の怪《もののけ》がいたせいでとり憑かれて在任中に発狂したり、亡くなる者が多かったそうだ。

そんななか、享保十年（一七二五）に着任した戸田大隅守が、物の怪など恐れるに足らぬと、妖怪退治に繰り出した。そして激戦の末に、仕留めた物の怪の正体を灯火で照らすと、そこに現れたのは身の丈七尺八寸（約二百九十センチ）の大きな古狐だったそうだ。

しかし、大隅守が古狐を退治したあとも、この辺りでは不可解な出来事が続いたという。

最近はあまり見かけなくなったが、大阪城周辺は昔ホームレスの青テントがそこら中に張られていた。だけどなぜか京橋の化け物屋敷跡の辺りだけは、昔から青テントが張られず人通りも少ない。以前、大阪城の堀にごみを勝手に捨てている人がいたのだが、何を思ったのか急に堀に飛び込み、周りの人が呼びかけても浮かび上がってこなかったことがあったと聞いた。

少し離れた場所でも首吊り自殺があったが、夏場だったのに、なぜか白骨化するまで見つからなかったらしい。

「青白い火の玉みたいなのが浮いてて、石垣に吸い込まれるように消えたん見たことあるで、それも一回や二回やない」

この手の話を何度も聞いたし、大阪城の周辺にまつわる怪談は今も昔も数多くある。大阪城の怪談については北川央さんの『大阪城ふしぎ発見ウォーク』に詳しく書かれている。

大阪市北区に住むTさんから聞いた話なのだが、軍需工場の廃墟が大阪城の敷地内にあって、その工場の跡地近くに、大きな鉛色の塊《かたまり》がある。

それは、かつてその場にあった鉄鋼場の跡地から出てきた溶鉱炉石で、空襲のときに大阪城の周辺は徹底的に焼き尽くされてしまった。

そのとき、大阪城内の鉄鋼場の人も大勢が犠牲になり、中には生きたまま溶鉱炉の中に落ちて、亡くなってしまった方もいたそうだ。

そのせいか、鉄鋼場の跡から見つかったという溶鉱炉石の上に立ったり、不届きなことをすると祟りがあるそうだ。

溶鉱炉石は割と目立つ場所にあり、ベンチほどの大きさをしている。これがそうかなと思ったら、磁石を取り出して近づけてみれば溶鉱炉石かどうかわかる。鉄で出来ているので石垣の石とは違ってくっつくからだ。

大阪城の周辺では観光客とは別に、城が呼び寄せるのかどうかは不明だが、奇人や変人にうっかり出会ってしまうことがある。

先日も、大阪城公園をニュージーランドからやってきた知人と一緒に歩いていたところ、冬なのに裸足でうさぎの絵柄の缶バッチを全身に付けて、髪を逆立てた老婆に追いかけられた。「おまえらはここに来る資格がないんじゃあああ！　ものっそお喰らわんかあ」みたいなことを叫びながら追いかけられたのでかなり怖かった。

知人のニュージーランド人は俊足を自慢するタイプで、週二でジムに通っているおかげか余裕で笑いながら逃げていたが、炬燵《こたつ》に寄生しながら生きていて普段はまったく走らない私は、相手は年上に見えても、かなり逃げ切るのがしんどかった。

他にも過去、赤い風船を持った老人に、背中に風船ガムを付けられて「美味しいガムやさかい、おすそ分け」と言われたり、椅子に座って休憩していたら見知らぬ人に突然手を頭上に翳《かざ》されて読経が始まったこともある。

これは大阪市内のK大学で講師をしているという、Oさんから聞いた話だ。

「僕ね、大阪城公園で金星人に会ったことあるんですよ。城内の公園で梅の花を見て、缶コーヒー飲みながら、ええ天気やなあって思いながら歩いていたら、いきなり〝金星人です！〟って名乗る人に抱きつかれたんです。

見た感じは、芸能人にたとえると、顔は桑原和男に似ていて、背は百六十センチくらいだったかなあ。服装は上が赤い半袖のTシャツで、下はバーバリーのチェック・パターンみたいな模様の入った半ズボンでした。

いきなりやったから驚いて、止めて下さいよ！　って振り払ったんですよ。そうしたら、いきなり「酷い」って相手が言いだして、また「僕金星人！」って名乗ったんです。変なのに絡まれたなあって、無視して小走りで移動していたら、急に〝○○さん！〟って僕の名前を呼んだんですよ。それには吃驚して振り返ったら、僕が鞄の中に入れてたペンケースをその人持ってたんです。いつのまに盗られたんやろって、鞄を開けてみたら白い四センチくらいの正方形の紙が入ってて。〝ちょっと返して下さいよ〟って、近寄って、手に持ってたペンケースをこうガッって相手から取ったんですよ。そしたらまた、〝僕金星人！〟って言うて、いきなり黄色いぶつぶつした卵みたいなゲロを口と鼻から出しはじめたんです。

酸っぱ臭いにおいが漂《ただよ》って、喉がひくついて思わず貰いゲロしそうになりましたよ。自称金星人が〝もろてください、もろてください……〟ってぶるぶる体を震わせながら言いだして眼も血走ってて気持ち悪かったので、鼻と口を手で覆いながらただ走って逃げました。

その晩インターフォンが深夜にピンポーンって鳴って、不気味やったから出なくて無視してたんですけど、翌朝インターフォンの『呼』の文字のところに白い鞄の中に入ってたのと同じ、白い四センチ四方の紙が貼り付けられてたんです。

誰かは確認してないですけど、多分あの自称金星人が貼ったんじゃないかなあと思ってます。それ以来、僕怖くて大阪城公園行ってないんですよ」

大阪城公園

神沼三平太

「剛、どこ行くんや？」

「大阪城ホールにライブ観に行くんやけど」

少し時間があった。

由岐剛君は、祖父に声をかけられてそう答えた。

今日は女性ボーカルのグループのコンサートである。友人との待ち合わせまでにはまだ少し時間があった。

「そうか、気ぃ付けてな」

「まだ時間あるし……爺ちゃんどうしたん？」

祖父の顔に浮かんだ驚愕の表情を、剛君は見過ごさなかった。大阪城ホールに何かあるのか。

「ん、ああ。儂はよう近づけんのや。森ノ宮も京橋もあんまし近づきとうないんや」

「何かあったん」

「変な話やし、人に言うたらあかんで」

そう前置きして、祖父は子どもの頃の話を始めた。

太平洋戦争当時、大阪には大阪砲兵工廠《こうしょう》というアジア最大の軍事工場があった。日本帝国陸軍の軍需工場である。

この工廠は終戦間近の昭和二十年（一九四五）八月十四日の米軍による集中爆撃でその八割が破壊された。爆撃による工廠内での死者は三八二人だったとされる。

ただし延焼した周辺地域の住民などを含めると、被害はその何倍もの規模であった。焼け跡は不発弾が多いとの理由から、廃墟や残骸もそのままに、二十年もの間放置された。

「終戦してすぐやろ？　皆生活が苦しいさかい、工廠跡に忍び込んで鉄屑《てつくず》盗ってきては屑屋に売り飛ばしとったんや。そいでも、全然悪いことやと思てへんかった。あん頃は皆生きるんで必死やったさかいな」

敷地は警官が見張っているため、白昼堂々の立ち入りや窃盗行為は不可能である。崩れた壁の隙間から、人目に付かないように入り込んでは略奪を働くのだ。

子どもだった祖父も鉄屑拾いに忍び込んだが、そのたびに縄張り意識の強い大人に追い払われた。

ついこの前も大人同士の縄張り争いが乱闘騒ぎに発展し、警察官が何人も周辺をうろつき回っていた。

「そんで、夜中の暗うなった頃を見計らって敷地に入り込むわけや」

雑草の生い茂る敷地には、残骸や瓦礫《がれき》が散乱し、足場も悪い。どこに不発弾があるかもわからない。だが生活には代えられない。

夜になるたびに忍び込んでは、鉄屑を攫《さら》って帰る日々が続いた。


ある夜のこと、いつものように鉄屑を探しに敷地に忍び込んだ。

厚い雲に覆われた空には月の光もない。侵入するには絶好の機会だ。

忍び込んですぐの場所には、もうめぼしいものがないのはわかっていた。そこで獲物を求めて敷地を奥へ奥へと入り込んでいった。

大人たちも近づかない場所なのか、足場も他の場所と比べて悪い。ただ、大型の機械類が放置され、足下にも錆びた鉄屑が散乱していた。

手に持てるサイズのものを拾い集める。

ふと気づくと道を見失っていた。初めての場所で方向感覚がわからなくなったのだろう。

黒い雑草の影が風に揺れていた。

落ち着こう。ちょっと一服しよか。

そう思ったとたんに、草むらで影がもぞもぞと動いた。

先客か？

緊張が走った。縄張り意識の強い大人なら、間違いなく荒っぽいことをしてくるだろう。

仲間には鉄パイプで殴られて骨を折られたやつもいる。

その影はゆらりゆらりと上半身を歪《いびつ》に揺らしながら近づいてくる。

影は一体ではなかった。

いつの間に現れたのか、両手で数え切れないほどの人影が無言のまま近づいてくる。その中には片手で這いずるようにしている者もいた。

囲われた。逃げられない。

不意に雲間から現れた月の光に照らされて、その姿がはっきりと見えた。

国民服を着た男たちだった。片手のない者もいれば、下半身のない人もいた。誰もが血まみれである。不意に音が戻ったかのように、うめき声が聞こえた。

うぅぅ。

うぅぅぁ。

苦しみの声を喉から絞りあげながら、怪我をした男たちはゆっくりゆっくりと近づいてくる。

下半身が温かくなり、すぐに冷たくなった。

失禁してしまったのだ。

「なぁ、ぼん、儂の足、どこ行ったか知らんか」

「胴から下、なくなってしもうたんや。探してくれへんか」

「ぼん、探してくれひんか」

「探してくれ。な。慈悲やから」

「なぁ、ぼん」

「なぁ」


そこからどうやって逃げたかは覚えていない。

だが恐怖のあまり泣きながら走ったこと、途中で何度も転んだことは覚えている――。

「そこが今の大阪城公園や。人で賑わっとるらしいけど、儂は怖ぁてよう近づけへん。あそこはおかしな話がいっぱいあるさかいな。くれぐれも気ぃつけや」

祖父からの話を聞かされた剛君は、もうコンサートどころではなかったという。

大阪城の石垣の行方

さむ

大阪城にまつわる不思議な話として、その石垣の行方を調べたことがある。たしか博士課程に入った最初の夏、平成二十九年（二〇一七）の八月だった。たまたま手に入れた古本『日本怪談実話　全』の内容に興味をもった。同書は、怪談蒐集家・田中貢太郎による明治から戦前にかけての実話怪談集である。

同書によれば、京都大学を造成する際に出土した地蔵に祟りがあった。戦前の帝国大学時代とはいえ、所属する研究機関に起きた都市伝説は興味深く感じられたので、茶飲み話ついでに友人に話した。結果、研究の合間、気分転換を兼ねて友人と学内を調査することにした。

調べてみると意外なことに気づく。大学構内と近所には地蔵がいくつも存在していた。もちろん京都には地域行事「地蔵盆」があるから、それに関係する地蔵もある。しかし由来が不明なものも多い。

学内をくまなく探して歩く。文献の通り、理学部と医学部の敷地内には地蔵が実在した。これらの地蔵には祟りがある――本当だろうか。また京都大学近辺の地蔵といえば、近所に思いあたるものがあった。大学病院の全快地蔵だ。もっとも全快地蔵は、その名の通り、患者の回復を願うものだろう。祟りがあるとは思えない。

では、これらの地蔵と大阪城の間に、なんの関係があるのか。一説では、これらの地蔵は、大阪城落城の際の石垣を素材とした。合戦で多くの血を吸った石垣の一部が一六一五年以後に京都で捨てられたらしい。大学近辺は石大工がいた地域だ。何かの理由で石垣が運ばれて捨てられていてもおかしくない。心ある石大工がそんな石垣を見て思うところあり、敵味方を問わず戦死者の霊を弔うために地蔵を彫刻したのではないか。納得はできる話だ。

文献によれば、大正八年（一九一九）に理学部敷地内で五十柱もの地蔵が出土した。一部の工事関係者が土中より現れた石仏に小便をかけたり座ったりと一切敬意を払わなかった。すると、その男が急死した。事故や突然死が頻発して次々と人が亡くなり、祟りだと騒ぎになった。工事関係者は怖がってしまい大学造成が止まってしまった。いよいよ困ってしまい、大学側から教授まで出てきたが、教授まで亡くなってしまった。結局、死者六名、負傷者三名を数えた。

さすがに嘘だろうと思い、事前に大学文書館で調べてみると、在任中に死んだ教授の名を確認できた。死因までは書いていない。ただ少なくとも教授が一人死んだことは事実だ。

実際に理学部構内の現地に赴いた。地蔵の数を確認してみる。なぜか四十一柱しかない。友人と一緒に何度も数えてみたが、数が足りない。五十柱あるはずなのに、九柱足りないのだ。

文献が記す理学部の地蔵は、ここで間違いないはずだ。大学当局にも、この地蔵の由来と管理について聞いてみた。大学側の認識としては「確かに地蔵は大学敷地内にあるが近隣住民の管理しているものであって、大学側は関与していない。また、なぜ大学内に設置されているか経緯は不明」とのことだった。

文献では五十柱、実在するのは四十一柱。いったい他の地蔵は、どこへ消えたのか。考えていて、ふと気づく。死傷者の合計は九名だ。消えた地蔵の数と死傷者の合計は合致している。偶然だろうが、イヤな数字の一致だ。それとも何か意味があるのか。


驚きながらも、今度は理学部から医学部構内へ向かう。複数の文献によれば、医学部と大学病院にも地蔵があるはずだ。「まさか大学近辺の地蔵のすべてが大阪城と関係あったりして」「さすがに、そんなことはないだろう」と友人と話し合う。酷暑のなか、構内を歩いて移動する。汗だくになる。

もともと、明治三十二年（一八九九）当時、現在の大学病院や医学部の敷地は農地だった。新たに医学部や病院を建設するために工事していると、そこから地蔵が出土した。ところが、その地蔵を運び出した農家はそれを漬物石に使った。またしても敬意を持たなかったのである。結果、十年後には一族丸々不幸な目にあって死に絶えてしまった。周囲の住民は「これは祟りだ」と地蔵を元あった場所に安置した。しかし祟りとしか思えないことが起き続けた。

結局、大正十二年（一九二三）に、ある人が命がけで念仏を唱えながら安置場所を整備することで祟りが終息した。その後、地蔵は樹木の根に呑みこまれていった。そう伝わっている。

夏の日差しが傾き始めた頃、医学部の敷地に入り、その地蔵を見つけた。おそらく薬品開発・実験動物のために建てられた供養塔の横、樹木の間に置かれている複数の地蔵があった。

いくつかの地蔵は、樹木の根に呑み込まれているようにも見える。どれが何の地蔵なのかはわからない。しかし文献が示す内容と酷似するものが、実際に医学部の構内に存在している。となると出土した「祟り地蔵」の伝承は本当なのか。

文献が示すように、大阪城の合戦で血を吸った石垣は、当時の左京区の石大工が住む地域で捨てられて誰かの手によって地蔵になった。時を経て忘れられ埋もれてしまい、大学造成工事のときに再び地上に現れた。そして死傷者九名という偶然が重なって、人々はそれを祟りと解釈した。文献に記された物語は、少なくとも、かなりの角度で事実を反映している。そして死傷者と地蔵の不足、奇妙な数の一致が居心地悪く残っている。

これが大阪城の石垣の行方の顛末なのか。もし石垣が他の地域に運ばれていたなら、そこでも同様の祟りがあるのだろうか。

そう思いながら、最後に大学病院にある「全快地蔵」へと向かった。京都市内東部を南北につらぬく東大路沿いのバス亭に、それはある。千羽鶴で飾られた地蔵が鎮座している。iPS細胞を扱うほどの最先端の医療機関の敷地内にひっそりと複数の地蔵が立っている。境内は清浄に保たれているので、病院が管理しているのだろう。

ところで全快地蔵の道路を挟んだ向かい側には、修験道に関わる聖護院がある。そこに「ひとくい地蔵」が祀られている。それは崇徳院《すとくいん》（崇徳上皇）を祀り鎮《しず》めるための地蔵だ。崇徳院は、平将門、菅原道真《すがわらのみちざね》に並ぶ怨霊となった存在として有名だ。一一五六年、保元の乱に敗北し、世のすべてを呪って死んだ。この崇徳院の祟りを恐れた都人が慰霊のために地蔵尊を造り祀った。すなわち「ひとくい地蔵」は「すとくいん」の訛りであって、人喰いを意味するわけではない。音の訛りに、怨霊と化した上皇への恐れが込められている。

ところが調べてみると、奇妙な事実が浮かび上がってきた。「ひとくい地蔵」は、もともと現在の大学病院や医学部の敷地にあった。そこがまだ鬱蒼《うっそう》とした森林だった頃、野晒しのまま放置されていた地蔵を聖護院に移設して祀ったものが「ひとくい地蔵」なのだ。

全快地蔵と「ひとくい地蔵」は、じつは、ほぼ同じ場所にあったのではないか。本当は、全快地蔵は祟りにまつわる地蔵なのではないか。それとも全快地蔵は、やはり大阪城の石垣から作られた理学部四十一柱の地蔵、医学部構内で樹木に呑み込まれた地蔵と同種なのか。

もちろん大阪の合戦と崇徳院が怨霊化した時代は数百年ズレている。とはいえ大阪城の石垣から作られた祟り地蔵も、全快地蔵もまた同じように何かしらの呪いに関わっている。

事実として、そういう噂が絶えない地蔵が、なぜか京都大学の構内外に大量に残されている。その他にも大学がプールを造成した際に掘り出され、祀られている地蔵もあった。また、このような由緒不明の地蔵を安置している市内の有名寺院もあるようだ。

大阪城の石垣の行方、祟り地蔵の噂を遊び半分で調べ始めたら、文献に合致するように次々と地蔵を見つけてしまった。喫茶店に入り、友人と話し込む。なぜ、これほどの数の地蔵が存在するのか。

「そもそも地蔵は、幼くして亡くなった子どもを救済するものじゃないの？　地蔵盆ってさ、町中の小さな祠のお地蔵さんを近隣家庭がお祀りして子どもの無病息災と成長を願うものだよね」

たしかに中世以降、地蔵は子どもと旅人の守り神とされてきたはずだ。親より先に亡くなり、賽《さい》の河原で苦しむ子どもを救う菩薩、それが地蔵のはずである。しかし京大近辺に見られる地蔵は祟りの噂が絶えないのだ。

「たとえば、無数の地蔵の上に大学が位置してるとしてさ。聖域や結界を破壊して造成されたものが、実は京大だって飛躍し過ぎかな？　歴史をみれば崇徳院以来、応仁の乱を含め、京都は何度も戦火に晒されてきた。数え切れない死者の街なわけで」

友人の言いたいことはわかる。なぜ地蔵という救済装置が、これほどまでに夥しく必要だったのか。そもそも地蔵が大量にある場所であるにもかかわらず、わざわざ大阪城の合戦で血を吸った石材を使った地蔵を彫ることで、何を救おうとしたのか。または事件が事件を呼ぶように、流された血が新たな血を求めたのか。

なんとも奇妙な気持ちになって、その日は解散した。

後日、続けて調べていると、変な噂を耳にした。平成二十七年（二〇一五）以降の話だ。大学構内の中央図書館付近で「深夜、地蔵を持っている男が立っていた」「男が持っているものをよく見たら女の人の首だった」。

調べてみると、戦後まもない昭和二十六年（一九五一）春に事件が起きた。心理学科の卒業生で無職の男性が殺人で捕まった。殺されたのは、彼の母親だった。凄惨な事件で、母親の頭部を仏像で殴打して殺害し、竹で作った棒を何本も刺して脳をえぐり、彼は母のの死体を縄で引きずった。当然、逮捕された。彼は意味不明な供述を繰り返し、のちに東京拘置所内で自殺している。

持っていた仏像は、出土した地蔵の一部ではないのか。祟り地蔵の出土、地蔵を持つ男、仏像で殴られて死んだ母。大阪城の石垣の行方にまつわる奇妙な噂。

さらに不思議な一致があることを思い出す。母を殺害した男が逮捕された場所で、じつは飛び降り自殺が起きている。偶然の一致に過ぎない。同じ場所で、一人は母を殺し、一人は自ら命を絶った。


大坂夏の陣だけでも豊臣方の死者は少なくとも一万八千人を超えた。資料によっては、最大十二万人が死んだという。落ちのびた者らの多くが京都へと逃げたが、途中で略奪に遭った。男は殺され女は売られた。それゆえ凄惨極まる大阪城の合戦で血を吸った石垣を供養しようと、誰かが地蔵を彫りつけた。ところが地蔵は忘れ去られ、埋められてしまった。そこは平安時代末期からの怨霊の噂のある地域だった。

時代が下り、そこに京都大学が造成された。

崇徳院の「ひとくい地蔵」と由来不明の全快地蔵、祟り地蔵の出土、数多の地蔵。死傷者の数だけ足りない理学部の四十一柱に、文献の通りに存在する医学部の地蔵。そして昭和の頃に母を殺した男、地蔵を持って現れる幽霊の噂、自ら命を断った人。

大阪城の石垣の行方には、地蔵には似つかわしくない、死者の噂がある。これらが何を意味するのか。その答えは不明だ。しかし、令和になった今でも供養し切れない何かがあるのかもしれない。ほかの地域に運ばれた大阪城の石垣はどうなったのだろう。

姫《ひめ》路《じ》城《じょう》

所在地◆兵庫県姫路市本町

築城◆南朝：正平元年、北朝：貞和２年（1346）

主たる城主◆赤松満祐、黒田孝高、池田輝政、酒井忠恭

アクセス◆【鉄道】姫路駅から徒歩 20 分　【車】播但連絡道路・花田 IC から 15 分

別名、白鷺城（はくろじょう・しらさぎじょう）とも呼ばれる、江戸時代に建てられた天守閣など主要建造物が現存する美しい姫路城。姫路城の始まりは南北朝時代、赤松貞範による築城とする説が有力である。今日見られる大規模な城郭へと拡張されたのは関ケ原の戦いの後、池田輝政によるものである。

　姫路城には数々の伝説があるがなんといっても一番有名なのは「お菊井戸」であろう。それ以外にも「宮本武蔵の妖怪退治」の話なども残っている。

　木下家定が城主であった時代の頃、城に妖怪が出るという噂が広まっていたが、名前を隠して足軽奉公をしていた宮本武蔵の素性がバレ、妖怪退治の命が下ることになる。武蔵がある夜、灯一つを持って天守閣に登った時、すざましい炎が吹き降り、地震のような音と振動がした。武蔵が腰の太刀に手をかけると、辺りはまた元の静けさに戻った。構わず天守を登り、明け方まで番をしていたところ、美しい姫が現れ「われこそは当城の守護神、刑部明神なり。その方がこよい参りしため、妖怪は恐れて退散したり。よって褒美にこの宝剣を取らす」といって姿を消した。武蔵の前には白木の箱に入った郷義弘の名刀が残されていた。

白鷺城奇譚集

川奈まり子

【黒鷺城の奇跡】

姫路城は白鷺城《しらさぎじょう》の別名に表されるように鮮やかに白い姿を誇るが、第二次大戦中は真っ白な外壁が空爆の目標にされやすいと指摘され、黒い網で城をすっぽりと覆われた。

つまり黒鷺城になったわけだが、結局、昭和二十年七月三日の姫路大空襲によって姫路市の七十六・七パーセントが壊滅的な打撃を被ることになった。

ところが姫路城だけは、なんと無傷。見渡すかぎりの焼け野原。そこに黒い城のシルエットがあたかも絶海の孤島のように浮かんでいたのである。

黒いカモフラージュが功を奏した？　それとも城に命中した焼夷弾が不発だったのか？

真相が明らかになったのは平成七年（一九九五）七月。

姫路大空襲のときのB29の機長が「（姫路城の）上空に差し掛かったとき、レーダーが水面の存在を示したので、そこには焼夷弾を落とさなかった」と語ったのである。

この証言から「濠が城を守った」とする意見もあるが、少し無理があるようだ。

なぜなら城下町を流れる川の周囲も爆撃され尽くしていたのだから。

——姫路城を守護したものは何か？　その正体について、次項で解き明かしていきたい。

【おさかべ伝説】

宮本武蔵が主人公として活躍する『白鷺城異聞』という歌舞伎がある。

これは、明治時代に出版された宮本武蔵の実録本『今古實録 増補英雄美談』にある姫路城の怪談を基にしたものだそうだが、そこからさらに遡ると姫路城を護る神々の存在にたどりつく。

だが、まずは件の宮本武蔵が登場する怪談をざっとご紹介したい。

——江戸時代の初め頃のこと。

当時、姫路城では怪異が頻発していた。天守閣から怪しい声が聞こえるだの化け物が出ただのと噂され、夜になると誰も天守閣に近寄らなかった。

このままでは城の守りがおろそかになると城主が悩んでいたところ、宮本七之介《しちのすけ》という若い足軽が恐れることなく夜通し天守閣の番をしてみせた。

実は、この七之介は、後の剣豪・宮本武蔵の仮の姿であった。

武蔵は勇気と剣の腕を城主に見込まれて化け物退治をおおせつかり、あらためて天守閣に登った。すると深夜、妖しい女が現れて彼にこう告げた。

「わらわは小刑部《おさかべ》大明神なり。そなたに恐れをなして齢数百年の古狐が逃げていった。褒美として刀を進ぜよう」

しかし、この女の正体は古狐で、武蔵に差し出した刀は豊臣秀吉から拝領した家宝だった。家宝盗人の罪を着せようという悪だくみが露見。武蔵によって成敗された。

――と、こんな話なのだが、古狐がその名を騙った「小刑部大明神」とは何か。

それは、今日まで実際に姫路城の大天守最上階と、播磨国総社の境内、旧城下町の立町の計三ヶ所に祀られている長壁《おさかべ》神社の神「刑部《おさかべ》大神」に他ならない。

長壁または刑部や小刑部と表記される「おさかべ」は、姫路城が築かれる遙か前から「姫山」と呼ばれてきたこの地を護ってきた地主神だという。

姫山の名は、三つの長壁神社に刑部大神と共に祀られている祭神「富姫神《とみひめがみ》」に由来するという説がある。

富姫神とは、奈良時代末期の光仁天皇の皇后・井上内親王が、実子である皇子・他戸《おさべ》親王と母子相姦して生んだ富姫のこと。不義の子として都を追われた富姫が、流浪の末に夫婦となった飾磨《しかま》郡司と住んだ土地が、後に姫山と呼ばれるようになったというのである。

さらに、もう一柱の祭神・刑部大神は、敗者の怨霊を祀る御霊《ごりょう》信仰によって神格化された他戸親王のことだという。

井上内親王と他戸親王は実在し、史実として、彼らは夫であり父である光仁天皇を呪詛した罪で地位を剥奪された上で殺されたと言われている。

姫山の地主神については、古代の刑部氏が祀る神を示す説や、民俗学者の宮田登が主張した「おさかべは蛇のことであり、大蛇が地主神として崇拝された」という説もある。だからもしかすると、富姫神を媒介として古代の地主神と他戸親王が結びつき、刑部大神になったのかもしれないが……それにしても業の深い神である。

ともあれ、そんな次第で長壁神社は姫路城が建つはるか以前から姫山に祀られていた。だが豊臣秀吉は、姫路城の主になると城下町に神社を移した。そして秀吉公の後に城主となった木下家定《いえさだ》の時代を経て、やがて関ケ原の合戦へ。

その後、第一代播磨姫路藩主・池田輝政《いけだてるまさ》が城の主となるのだが……実は、宮本武蔵の怪談をはじめとする姫路城天守閣の伝説は、この池田輝政の奇怪な逸話が基になっている。

ちなみに姫路城を白くしたのも輝政だ。

戦国時代、城といえば黒かった。その方が実用的で安上がりだからだ。しかし輝政は新しい時代の幕開けを察知して美による城の権威づけにこだわり、「白漆喰総塗籠造」によって姫路城の外壁と屋根瓦の目地を真っ白に塗り固めたのであった。

——ところが、慶長十三年（一六〇八）に城が完成した頃から、夜になると誰もいない天守閣に明かりが灯り、すすり泣く声が聞こえてくるようになったのだという。

この怪異は常態化し、さらに翌年十二月十二日、こんな書状が輝政に届いた。

「輝政と夫人は天神に呪われるであろう。呪いを解きたければ、城の鬼門に八天塔を建立して大八天神を祀れ」

天神とは天狗のことで、大八天神は最も霊力が強い八山の天狗を指し示すが、なぜか輝政は、秀吉が城下町に移した神社の祟りがこの書状と怪異の原因だと思い込んだ。

そこで、当時は城下町の播磨総社の摂社になっていた長壁神社を城内に遷座した。

しかし天守閣の怪は止まず、二年後の慶長十六年（一六一一）、彼は病に倒れた。

一連の事件から数十年後の寛文七年（一六六七）に出された『諸国百物語』によれば、このとき輝政の病を平癒させるために円満寺の明覚という高僧が祈祷した。すると臈《ろう》たけた美女がどこからともなく現れ、「祈祷を中止せよ」と明覚に命じて姿を消したとか……。

このことから今度は先の書状の指示に忠実に従って、城の鬼門に「八天堂」を建てた。

だが輝政の病は中風、つまり脳卒中脳血や脳血栓といった脳の血管障害で、いったん快復したものの二年後に再発。結局、五十一歳で亡くなってしまった。

さらにその二年後には、家督を継いだ輝政の嫡男・利隆も急病死した。

――こうした出来事の結果、おさかべは次第に女の妖怪と化してゆく。

井原西鶴《いはらさいかく》の『西鶴諸国ばなし』に書かれた「長壁姫」は人心を操り、八百匹の眷属を率いているとされた。また、北尾政美の黄表紙『夭怪着到牒《ばけものちゃくとうちょう》』には、ギリシャ神話のゴルゴンのように顔を見た者を即座に死に至らしめる「刑部姫」が登場。

江戸時代の奇談集『老媼茶話《ろうおうさわ》』の「長壁姫」は十二単《ひとえ》を着た美女で、肝試しで天守閣に来た小姓の森田図書を気に入って錣（しころ。兜につけて首を守る防具）を与えた。

鳥山石燕《とりやませきえん》は『今昔画図続百鬼』の中で、蝙蝠《こうもり》を従えた十二単の老婆の妖怪「長壁」を描き、平戸藩主・松浦静山の随筆『甲子夜話』に登場する長壁姫は、姫路城の大天守最上階に隠れ棲み、年に一度だけ城主の前に姿を現した。

そして明治生まれの作家・泉鏡花は、こうした伝説の数々を戯曲に昇華させて『天守物語』を書いた。そこでは白鷺城の天守閣第五重は人外の魔境であり、美しい妖女・天守夫人こと富姫が異形の眷属たちと共に優雅に暮らしているのだ。

現在の大天守最上階の社殿は文政十二年（一八二九）に改めて祀られたものだというが、言霊によって姿を得たおさかべ姫が天守閣のヌシとして今もそこに棲んでいそうな気がする。

長壁神社の由緒には、祭神の刑部大神と豊姫神は火災など災いの神として霊験あらたかだと記されている。だから大空襲の被害を免れたのか、おさかべ姫または地主神の神通力のお蔭か。いずれにせよ姫路城の天守閣の守りは固そうだ。

【実話怪談・皿屋敷】

女の幽霊が夜ごとに井戸から現れて、皿を「一枚、二枚……」と数える場面で有名な怪談・皿屋敷をご存じだろうか。その井戸が姫路城の上山里曲輪《かみやまざとくるわ》に実在する。

江戸時代に書かれた姫路の皿屋敷怪談『播州皿屋敷実録』でお菊が投げ込まれた井戸と

いうことになっていて、大正時代に姫路城が一般公開された頃から「お菊井戸」の名で観光客に親しまれている、もとい、恐れられているという。

皿屋敷怪談の伝承地は伊藤篤の『日本の皿屋敷伝説』によれば全国に四十八ヶ所もあるそうだが、うち二つが姫路市に存在し、このお菊井戸はそのうちの一つ。

もう一つは、同作の基になったと言われる室町時代の随筆集『竹叟夜話《ちくそうやわ》』だ。『竹叟夜話』ではお菊ではなく「花野《はなの》」という侍女が松の木に吊るされて拷問死し、十枚組の皿ではなく五枚組の鮑貝《あわびがい》が出てくる。また、皿屋敷怪談でお馴染みの悪役「青山氏」の代わりに、姫路の青山に住む小田垣主馬助《おだがきしゅめのすけ》という人物が据えられている。

興味深いのは、これが実在した播磨藩守護代で、青山を拠点としていた太田垣主殿助を明らかにモデルにしていると思われる点だ。

さらに、寛政七年（一七九五）に井戸の周りで「お菊虫」が大量発生した実際の記録が残っていることから、松の木が井戸になり花野がお菊になった経緯も説明できそうだ。

ある種の蝶のサナギ・お菊虫は、偶然にも後ろ手に縛られた女のような形をしている。

姫路城のお菊井戸の真偽はさておき、無惨に殺された侍女の祟りについては、かなり実話怪談じみてきたと思うのだが、どうだろう。

播州皿屋敷

つるんづマリー

姫路城といえば「播州皿屋敷」という江戸時代の怪談が有名だ。

女中のお菊さんが高価な十枚組の皿のうちの一枚をなくした罪で井戸に投げられ幽霊となり、夜な夜な井戸の中から皿を「いちまーい、にまーい」と数える怪談は、地元では子どもの頃から教えられる。僕が小学生、中学生だった時代は簡単な遠足はすぐ姫路城だったから、年に一回はお城に登っていた。天守閣に登る前の広場にあるお菊井戸は子どもの格好の場所で、調子に乗って覗く男子、怖がって近づかない女子、という風景が〝姫路城遠足あるあるネタ〟だった。そのなかでも勇敢に井戸を覗いてみた女子のうち何人かは「井戸に何か見える、ハッキリ見るのも言葉に出すのも嫌だ」と言っていたものだった。

一説によると、じつはお菊さんは女性諜報員のような存在だったらしい。下克上を企てて姫路城主の座を狙っている家門に隠密として送り込まれ、陰謀を阻止することには成功したものの、正体がバレてしまいその報復としてわざとお皿を隠されて「皿がなくなったのはお菊のせいだ」と罪を着せられ井戸に投げられたという。

また、お菊井戸は姫路城の内外の忍びの連絡路になっていたため、誰も近づかせないようにこのような怪談を広めたともいわれている。

傘化け

つるんづマリー

姫路の郷土史家であるHさんから、僕はたびたび姫路のことを教わっている。

そのときは別件の話から次第に脱線し、姫路の妖怪について話をしていた。

「烏山石燕や水木しげる先生の妖怪の絵に〝長壁〟というのがあるやん？　あれって姫路城の天守閣にいたとされる妖怪やけど、長壁以外の妖怪も姫路にいたりしたんかなあ？」

と疑問を投げた。するとHさんは違う妖怪の目撃談を教えてくれた。

「〝なんじゃあれは？〟というのやったらわしも見たことあるで。ものすごい雨の中でもう靴も脱いでズボンもまくって歩かざるを得ないような状態でな。すぐそこにある姫路城もかすんで確認できないくらいやった。そんななかで不思議とはっきり見えたんやけどな、傘が姫路城から姫路駅に向かう広い道（大手前通り）にすごい勢いで跳ねながら南下して国道二号線と交わる大きい交差点を曲がって、東に向かって消えて行ったんや。確か小さい子どもくらいの傘やった。傘から直接一本足が出とった」

また「一本足の傘は俺と目が合った」とも。僕が「声をかければよかったのに」と感想を述べると、「声をかけるのは嫌やわ。一本足の傘が憑いてきたらどないすんねん。うちの傘立てには入らへんで！」と、したり顔で笑っていた。

反時計回り

つるんづマリー

姫路城西側の町でゲストハウスの店長をしていたJさんから聞いた話である。

Jさんはある夜、アルバイト勤務の女性Aさんと車に乗ってコンビニに向かっていた。

すると、途中の公園に差し掛かったときにAさんが、

「イタタ！　店長、頭が急に痛くなってきました！」と言いはじめたそうだ。

目的地のコンビニに到着しても頭痛が治らないAさんは、とりあえずジュースを飲んで休息をとった。しばらくして「どう？」と聞くとAさんはぐったりしつつも、

「少しマシになったけど風にあたりたい」と言う。

そこでJさんは少しだけ車で近所を走ることにした。

車の窓を開けて特に行先を決めずに進めること十数分。出発地点のコンビニから南に下りなんの気なしに東に向かった。

姫路城の前を通り過ぎて北に方向を転換し、さらに西に折れると姫路城の裏手に行き当たる。

Jさんの車は気づくと姫路城を反時計回りに車で一周していたそうだ。

そのまま走行するとゲストハウスに戻るが、その手前には男山《おとこやま》神社の鳥居がある。

車が鳥居の前の道を通り過ぎたとき、Ａさんが突然、

「あれっ、スッキリした。嘘みたい。頭痛がなくなりました！」

と、晴れやかな表情になったそうだ。

Ｊさんはそう喋りながら締めくくりに、

「だから男山神社ってすごいですよ。Ａさんは公園で悪いモンを拾ったんやと思いますが、男山神社でそれがスッキリ取れた。困ったことがあると男山神社に行ってみるといいですよ」と教えてくれた。

その話を聞いた僕はすごく良い情報を得た気になった。

しばらくして知人のＫさんと喋る機会があり、そういえば最近いい話を聞きましたよ、とＪさんの話をした。

Ｋさんは「なるほど」と言って紙とマジックを出して、紙の真ん中に小さく〝姫路城〟と書きはじめた。そして〝姫路城〟を囲むように紙いっぱいに大きめの円を描き、円の中の〝姫路城〟の左横に「これはゲストハウス」と言いながら〝店〟と記した。

〝店〟の左横に〝公園〟さらに左横に〝コンビニ〟を円の線がギリギリくっつくくらいに配置、少し戻って〝店〟と〝公園〟の上に〝男山〟を追加した。

すると〝店〟、〝公園〟、〝男山〟の位置が正三角形になった。

次に、大きく描いた円のてっぺんのところから時計の文字盤のように一文字ずつ干支を入れていく。

「子、丑、寅、卯、辰、巳、午、未、申、酉、戌、亥」

入れ終わるとKさんは、

「確かに男山神社は厄神さんが有名やけど、ただ行けば良いというわけではなさそうやな」

と解説をしながら、車のたどったであろう道筋をマジックで引いて見せてくれた。

「彼らは姫路城の周りをぐるっと反時計回りに一周してから男山神社でスッキリしたんやろ？　まず男山神社は姫路城から見て乾《いぬい》の方向や。乾は戌《いぬ》と亥《い》で乾。戌はあらゆる昔話で主人公の味方や。ちなみに隣の酉と申が加わると桃太郎のお伴やな。姫路城は敷地内に入ると左回りにぐるぐると回って、門を進まなければ天守閣へたどり着けへん。城のある内堀、武家屋敷のある中堀、町人の居住地域である外堀でさえ反時計回りの〝左巻き渦郭《かかく》式《しき》〟で作られているんや。これは〝らせん式縄張り〟とも呼ばれていて、江戸城と姫路城にしか存在しないもんなんや。ただし江戸城は右巻きやけどな。偶然とはいえ、彼らは姫路城を使ったおまじないの効果があったんやろうな」

とKさんはマジックで書いた地図上の姫路城を指で左周りになぞりながら推測した。Jさんたちは、姫路城の構造通り左回りで城を一周し、さらに城の吉方位である男山神社を通ったことで、偶然にも憑きものを落とすことができた、ということなのだろうか。

「効果があったということは公園で拾った悪いモノが姫路城に関係していた可能性もありますよね」と、僕が言ったらKさんは、
「そうやな。しかしその悪いモノが消えたんやったらええけど、取れただけやったらまた誰かにくっつくかもしれんな」と気がかりなことを言い放ったのだった。

姫路城に関する三つの怪談を紹介したが、調べてみると姫路城には他にも妖怪や幽霊の逸話がまだまだあることがわかった。機会があればまたお伝えしたい。

鏡山城《かがみやまじょう》

所在地◆広島県東広島市鏡山

築城◆寛正年間（1460 ～ 65）頃

主たる城主◆安富行房、蔵田房信

アクセス◆【バス】西条駅から 10 分「鏡山公園入口」下車すぐ

【車】山陽自動車道・西条 IC から 15 分

築城年は文献から寛正年間（一四六〇～一四六五）頃とされているが、発掘調査では実際は南北朝時代（一三三七～一三九二）頃ではないかともいわれている。

室町・戦国時代には、この一帯は当時、瀬戸内海地域西半に大きな勢力をもっていた防長の大名大内氏の直轄領であった。鏡山城はこの一帯を支配する拠点となっていた。

永享十一年（一四三九）室町幕府はこの地を大内氏から取り上げ、高山城の沼田小早川氏に与え、安芸国守護職の武田信賢の代官が鏡山城を守っていたが、その後大内氏によって奪い返された。

大永三年（一五二三）出雲の尼子経久は大軍を率いて安芸へ侵攻し、八幡山城や陣ヶ平城に布陣した。尼子氏の攻撃に対して鏡山城の蔵田備中守房信は固く守り敵を寄せ付けなかったが、尼子方として参陣していた毛利元就の誘いに乗って蔵田日向守直信が内通し鏡山城は落城した。この戦いの後、毛利氏の当主であった幸松丸が病死し、元就が家督を継ぐと、尼子氏から離反して大内方となった。二年後、大内氏は安芸へ侵攻し、鏡山城の奪還にも成功した。その後は安芸支配拠点を杣城や槌山城へ移し鏡山城は廃城となった。

鏡山公園

岡利昌

東広島を代表する名所、鏡山公園。

国史跡・鏡山城跡の麓に整備された公園で、三十種五百本の桜は一見の価値あり。園内には池もあり、シーズンになると多くの観光客で賑わいを見せる。

だが同様に、有名な心霊スポットでもあった。

かつてここには鏡山城が建設されており、応仁の乱など数々の合戦の舞台になったという。土地には無数の死体が並び、井戸は血で溢れた。その証拠として公園内には数多くの慰霊碑や神社、石垣といった建造物の名残がある。

そんな霊魂が死地へと誘うのか、身元不明の遺体もたびたび見つかっていた。桜の下には遺体が埋まっているなどと言うが、美しい光景は安らぎや癒しを人々に与えると同時に、ここを最期の場所と決断させるのかもしれない。結果「ブランコがひとりでに動いた」「井戸から男の呻《うめ》き声が聞こえた」など目撃情報があとを絶たない。

私の友人である瀬田（仮）も、鏡山公園で恐ろしい体験をした一人である。

彼女は、当時のことを思い出しながらこんなふうに語ってくれた。

――私は高校を卒業後、広島市内にある会社で事務員として働いていました。

毎年四月になると新入社員歓迎会と称して、鏡山公園で花見を行うのが通例になっていまして、掲示板に張り出された告知を見ながら楽しみにしていました。

しかし他の先輩社員は憂鬱そうな顔をしているのです。

自分の教育係である女性、紀伊島さんになぜ嬉しそうじゃないのか訊ねてみました。

「聞かないほうがいいと思うわよ。そのときがくれば、嫌でもわかるわけだしね」

どういう意味だろうと首を傾げましたが、聞かれたくないのかと思い、それ以上追及はしませんでした。

歓迎会当日、現地集合で朝七時開始と聞いて驚きました。私のイメージで花見は昼から夜にかけてするものだと思っていたからです。

「まぁ、その辺も複雑な事情があるといいますか……」

幹事も引きつった笑みを浮かべるだけで、相変わらず具体的な理由を明かしません。

「何か、歓迎してくれるってのに微妙な空気じゃね？」

同じ新入社員の男、山辺が話しかけてきます。入社式から馴れ馴れしく、苦手でした。

「花見が終わったらさ、二人で飲みに行かない？　いい店知ってんだ、俺」

丁重に断り、その場をあとにします。後ろから舌打ちのような音が聞こえましたが、振り返る勇気はありません。

しばらくすると社長が長いスピーチを始め、完全に空気は白けムードに。せっかくクーラーボックスから取り出されたビールも温《ぬる》くなってしまいました。もっと楽しい時間を想像していたので、さすがにこれには辟易《へきえき》しました。

三十分以上も独演会は続き、ようやく「乾杯！」という合図がおりました。朝食を抜いていたので、お腹を満たそうとローストビーフに箸を向けた瞬間――。

「新入社員、こっちグラスが空いてるぞ」

突然の呼び出し。お酌をしろという意味に気づき、それに倣《なら》います。すると次から次へと中年男が「こっちにも酒」「早く注《つ》げ」と言ってきて、めまぐるしく動き回ることに。

私をコンパニオンやホステスだと勘違いしていないだろうか。

「よし、御返杯してやろう。グラスを持ちなさい」

そういって強制的に飲まされる苦行。アルコールに強くないし、ビールの味など苦いだけにしか思えない私にとって、地獄のような時間でした。

自分はこんなことをするために入社したわけではないのに。そんな気持ちが胸中で渦巻きました。

どれくらいの時間が経過したのか覚えていません。私は途中から記憶が飛んでいました。

ぼんやりとする思考のなか、重い瞼《まぶた》を開けると苦手な山辺の顔が間近にありました。

「お、なんだよ。気がついちまったか」

何が起こっているのかわからず、焦って周囲を見渡しました。

見知らぬ部屋。横たわっている自分の身体。ゆっくり視線を落とすと、服を脱がされかけていることに気づきました。

「すぐに気持ちよくさせてやっから」

太腿に触れられた瞬間、怖気が走り、完全に正気に戻りました。

全力で突き飛ばすと、山辺はベッドから転げ落ち、痛そうにもんどりを打っています。

「――ってぇ！　何すんだテメェ！」

今しかない、そう思った私は素早く着衣を直し、床に転がっていた鞄を掴みました。

猛烈な頭痛に襲われましたが、そんなことに構っていられません。

「待てコラァ！」

裸足のまま外に出ました。振り返ると自分のいた場所がラブホテルだったことに気づき、涙が込み上げてきました。なんで私がこんな目に遭わなければいけないのか。けれどもまだ安心はできません。

「見つけたぞオイ！　逃げんな！」

なんと山辺が追いかけてきたのです。

周囲を見渡しますが、タクシーの姿はありません。交番があれば逃げ込めるのに、それもない。

とりあえず人通りの多いところへ向かおうとしたとき、鏡山公園入り口の看板を見つけました。もしかしたら会社の人間がまだ残っているかもしれない。一縷《いちる》の望みをかけて園内へ駆け込みました。

「――」

想像もしていない光景に、思わず息を飲みました。

公園に、誰も人がいないのです。日中あれだけ大勢いたことが、嘘のように。

恐ろしさを感じ、引き返そうとした次の瞬間。

「よっしゃ、捕まえたぞ！」

なんと山辺に追いつかれてしまいました。背を向けて逃げようとしたとき、腕を爪が食い込むほど強く摑まれました。

「おあつらえ向きに誰もいねぇ。ここで犯してやる、覚悟しろ」

力任せに傍らの桜の木に身体を押し当てられました。身動きはおろか、呼吸すらもしづらい状況。心の中で家族に助けを求めていると――。

「へへへ……ん……？　あ、あああ……！　ぎゃあぁあああああああ！」

突然、山辺の口から悲鳴が上がりました。拘束を解き、なぜか一目散に走り去っていくのです。

よくわからないけど、とにかく助かった……。

安堵して膝から崩れ落ちたとたん、頭上から妙な音が聞こえました。

――ギッ、ギッ、ギッ……。

ゆっくりと顔を上げていく。そこには、桜の枝から縄を垂らし、首を吊る女性の姿が。

風によって、その身体が右へ左へ揺れ動き、不気味な音を立てているのです。

角度的に、ちょうど真下から見上げる形になっていました。土気色をした相手の顔は苦悶に満ちており、口からは泡が零れて……。

「――ッ！」

恐怖で顔を背けることもできないでいると――突然、相手の瞑《つむ》っていた目がカッと開きました。その血走った眼を見た刹那、バチンという電気の走るような音とともに衝撃が走りました。多分、気を失ったのだと思います。

「――さん……瀬田さん、大丈夫？」

名前を呼ばれてゆっくり瞼を開けると、夕焼けの空が見えました。

ここはどこだろう、そう思って頭を動かすと、紀伊島さんの姿がありました。

「うなされていたから心配になって。結構飲まされていたものね」

そこは鏡山公園でした。一部の社員が歓迎会の後片付けをしています。

いったい何が起こったのか、改めて紀伊島さんに訊ねてみると。

「顔を真っ赤にさせながら、一生懸命オヤジに付き合っていたのは見ていたわ。しばらくすると横になっていたから、終わったら起こしてあげようと思って」

すべて夢だったのでしょうか。それにしては、あまりにもリアルでした。今も心臓はバクバクと言っていて、当分収まりそうにありません。

「起きれそう？」

大丈夫ですと言って手をついた瞬間、腕に痛みが走りました。

「どうしたの、血が出てるじゃない！」

それは、山辺に摑まれた場所でした。途端に襲われかけたことを思い出し、背筋がひやりとしました。

「山辺？　そういえば途中から全然姿を見なかったわ。もしかして黙って帰ったとか？信じらんない」

信じてもらえないとは思いつつ、私は自分に起こった出来事を話してみました。先輩は聞き終えたあと「ああ……」と複雑な表情で嘆息しました。

「今年こそ、何事もなく終わったかと思ったのに……」

意味深な言葉のあと、先輩はやっとすべてを話してくれました。

「この鏡山公園で歓迎会を行うようになって、今回が三回目なの。不思議に思っていたわよね、どうして私たちが嬉しそうじゃないのか。なんで朝の早い時間から始めるのか」

確かに、と私は頷《うなず》く。

「毎年、ちょっと不気味な出来事が起こっていたのよ。はっきり言えば、首吊り自殺の霊が見えるって。夜桜を鑑賞しながら普通に歓迎会を楽しんでいたはずなのに、写真を撮ればば顔が歪《ゆが》んでいたり、腕が一本多かったり……」

そういえば宴会中、写真を撮る者は誰もいなかった。あれはそういう理由だったのか。

「最初の年は歓迎会のあと、当時の部長が交通事故に遭って亡くなったの。去年は新入社員の女性が自宅で首を吊って自殺。さすがに同じ時期に不幸が続くってことで、歓迎会中止の声も上がったのよ。すると『夜に始めるから霊が出るんじゃないか。だったら早い時間から開始しよう』ってことになって」

かつて、この公園で女性の首吊り自殺はあったのだろうか。

「わかんない。わざわざ調べる気にもならないじゃない、不気味だし」

確かにそうだと思います。だが結果としてその霊が現れなかったら私は今頃、山辺に襲われていたかもしれないのです。とはいえ感謝する気持ちにまではなれないのですが……。

「明日、一緒にお祓いへ行きましょう。放っておいて貴女の身に何か起こったら嫌だし」

わざわざ付き合ってもらうのは悪いと断りましたが、先輩はいいのいいのと笑います。

「有給休暇も余ってるし、いつ使うべきか悩んでいたから。せっかくだから美味しいもの食べて帰りましょうよ。プチ旅行って感じで」

先輩なりに元気づけようとしてくれたのかもしれません。私は一人っ子で、ずっと姉の存在に憧れを抱いていたので嬉しく思いました。

――彼女の心霊体験は、こうして幕を閉じた。

その後、山辺は一度も会社に姿を見せることはなかったという。一人暮らしをしていたようすだが、会社の連絡にも応答なし。無断欠勤を続けた結果、解雇処分となった。

風の噂によると、部屋の中に荷物は残ったまま。家族が捜索願いを出したらしいが、見つかったかまではわからない。

数年後、瀬田は社内恋愛を経て結婚。娘を出産して幸せな家庭を築いている。

そんな三歳の娘に対して、決まって使う脅し文句があるのだとか。

「悪いことをすると、桜のおばけに連れ去られちゃうからね」

首里城《しゅりじょう》

所在地◆沖縄県那覇市首里金城町
築城◆ 14 世紀頃
主たる城主◆第一尚氏、第二尚氏
アクセス◆【鉄道】首里駅から徒歩 15 分　【車】沖縄自動車道・那覇 IC から 10 分

沖縄では一般的に城のことをグスク、もしくはグシクと呼ぶ。グスクという言葉には、「城」以外の意味もあると考える学者が多く、それはウタキ（神様の遥拝所もしくは聖域）の集合体という考え方である。首里城も城内にはたくさんの聖域が存在している。首里城は本土の城のように防衛目的で築城されておらず、政治的な影響力を誇示するために作られたと考えられている。またその建築様式は当時交易のあった中国の影響を受けており、殿内は朱塗りであり、王の鎮座する玉座の後ろには清国皇帝から贈られた三種の扁額が飾られていた。

首里城の成立年代は正確には明らかになっておらず、十三世紀とも十四世紀ともいわれる。過去に五度の火災に見舞われ、令和元年（二〇一九）十月三十一日に発生した正殿、南殿、北殿を全焼させた火災は記憶に新しい。現在、二〇二六年の再建に向けて、急ピッチで工事が進められている。

また第二次世界大戦では旧日本陸軍の第三十二軍総司令部が置かれ、激しい戦闘が行われ、四度目の全焼を経験している。首里城の地下には発見されていないものも含めて、旧日本軍の長い距離のトンネルが今も存在しており、現在その保存活動が行われているところだ。

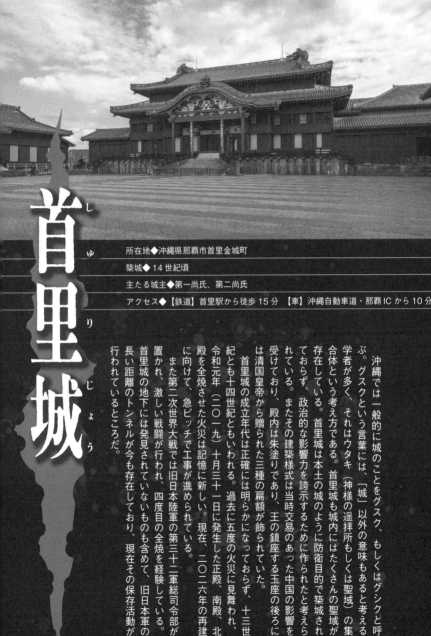

燃えた首里城（2020 年 1 月 29 日筆者撮影）

首里城内に存在する洞窟のひとつ

クンダグスクの呪い

小原猛

首里城にはあまり語られない血塗られた歴史がある。それは第一尚氏《しょうし》と第二尚氏にまつわる争いである。

琉球国の最初の王は尚思紹《しょうししょう》王から始まり、その息子の尚巴志《しょうはし》へと受け継がれる。そのルーツは九州から渡ってきたという説もあるが、定かではない。七代にわたり六十三年間の短命な栄華を誇ったが、そんな第一尚氏を滅ぼしたのは伊是名《いぜな》島出身の金丸《かなまる》、のちに改名した尚円《しょうえん》である。彼らのことを便宜上第二尚氏と呼ぶ。

一四六九年、金丸は第一尚氏に対して反旗を翻《ひるがえ》し、当時の王、尚徳《しょうとく》を殺した。一説によると金丸は、のちのクーデターを恐れて、第一尚氏に属する王族、召使、料理人、妾に至るまで、すべての関係者を粛正したという。

その際に尚徳王の王妃と息子が逃亡し、首里城の中にある京の内という聖域まで追い詰められた。彼らはそこの洞窟に隠れていたが、のちに見つかってしまい、殺害された。母子の亡骸は京の内のそばにある崖から突き落とされてしまい、途中に生えた木にふくらはぎが引っかかり、そのまま放っておかれた。第二尚氏の王や武士たちは、月明かりの眩しい夜などに、酒を酌み交わしながら朽ちていく母子の亡骸を眺めたという。

やがてそこはクンダグスクと呼ばれるようになったが、そのクンダとはふくらはぎの意味である。

現代になり、京の内近くの一帯を調査のため、多くの学者や大学関係者、役所関係者が調査に入った。その際に何人もの人たちが、崖の下に佇む女性と子どもの姿を見ている。それは成人男性でも王の姿でもなく、明らかに女性と子どもの姿であったという。

尚徳王の母子の無念は、六百年という時を経ても、行き場のない悲しみとともに、クンダグスクに留まり続けているのだろうか。

第三十二軍総司令部壕の亡霊たち

小原猛

首里城は沖縄戦でアメリカ軍の標的になり、徹底的に破壊され、本殿などを焼失してしまった。これが首里城の四度目の火災である。標的となった理由は、旧日本陸軍の第三十二軍総司令部があったからである。

第三十二軍の目的は、連合軍の上陸阻止と万が一上陸した場合の地上戦の備えのために配置された。当初は首里城ではなく南風原町《はえばるちょう》津嘉山《つかざん》に壕を作る予定であったが、いざ掘ってみると強度の弱い地盤であることがわかったので、急遽首里城の高台に変更された。彼らは首里城の地下に長いトンネルを掘り、最終決戦まで視野に入れていたというが、アメリカ軍の進軍により、昭和二十年五月二十七日に首里城から撤退した。

現在でも首里城の中には、旧日本軍が作ったと思われるトンネルやトーチカの入り口などが見てとれる。終戦後は辺りは骨と不発弾だらけで、城壁は崩れて、毎晩ヒーダマ（人魂）が飛んでいたと、古老は語り継いでいる。

これは筆者が直接聞いた話であるが、今から十年前に彼の地で警備のアルバイトに就いていた神谷さんの話である。

神谷さんは夜中の三時ごろ、ルーティンの見回りを行っていた。すると西のアザナの近くで、複数の人間の足音を聞いたという。足音はどうやらブーツのようで、コツコツとはっきりした音が城内にこだましていた。

神谷さんは懐中電灯で足元を照らしながら、音の聞こえるほうへと歩みを進めた。

西のアザナは物見台であり、そこへ登れば那覇の西側はすべて見渡せる。だが下から見上げた神谷さんは絶句した。

展望台として整備された辺りに、黒い人影が沢山立っているのが見えた。彼らの何人かは時折後ろを向いたり、会話をしているように頷いたりしていた。やがてその姿は時間とともに消えてなくなってしまった。

あるいはこんな話もある。

夜十二時を過ぎたら首里城の石垣の上を見てはいけない。その上を日本兵の亡霊が今も城を守るために歩き回っているからだと。

現在は世界中から観光客の押し寄せる首里城であるが、そこには悲しい戦争の傷跡が未だに残っていることを忘れてはならない。

トルーマン暗殺計画と壕の中の人影

小原猛

次に首里城にまつわる都市伝説めいた話を紹介する。

いよいよ連合軍の迫るなか、沖縄の霊的職能者であるユタや、祭祀を司るノロといった面々が京の内に集められたという。その数は三十人にも及んだ。

集まったのはみな女性で、やがて軍部の男性がやってきて、何枚かの写真を彼らの前に提示した。

「これは鬼畜米英の司令官たちである。ルーズベルト、マッカーサー、パットン、チャーチル。お前たちはお国のために、彼らを呪い殺して欲しい」

集まったユタもノロも多少面食らったが、やがて軍部の求めに従って、相手にイチジャマ（生霊）を飛ばし始めた。

だが残念ながら彼らの試みは失敗に終わったのか、これらの指導者は誰一人として戦時中に亡くなることはなかった。

またこんな話もある。

沖縄のローカルテレビ局が首里城を取材した。第三十二軍総司令部壕の改修工事が行われた際のことである。しとしとと雨の降り出すなか、女性アナウンサーが傘をさしながらレポートしている。

「……首里城の改修工事は今週いっぱいで終わる予定です。以上、首里城からお送りしました」

今までアナウンサーに向いていたカメラがパンして、ビニールシートの被せられた現場にゆっくりとフォーカスする。すると青いビニールシートの真ん中に、旧日本陸軍の服装の黒い顔の人物が敬礼しながらこちらを向いている顔が映っていた。当然ながらVTRは放映されずお蔵入りとなったという。

これらの話が本当かどうかは定かではないが、沖縄県民の頭の中には、あながちありえない話ではないという思いもあるのだ。

龍潭に現れるアシヒッパサヤー

小原猛

首里城の下に龍潭《りゅうたん》という池がある。もともと人工的に作られた溜池であり、一昔前は貸ボートなどもあり、県民のいこいの場所になっていた。

ここにはアシヒッパサヤーという名前のマジムン（妖怪変化）が棲むといわれている。

学生時代、彼女と一緒に貸ボートを楽しんでいたAさんは、片手を水につけながら龍潭の真ん中辺りでぼんやりと風景を眺めていた。

するといきなり水につけていた片手をひっぱられ、落水してしまった。

びっくりしたAさんは水の中でもがきながらボートに上がろうとしたが、今度は両足を掴まれて一気に水中に引き摺り込まれた。水中でAさんは、真っ黒い人影のようなものに抱きつかれ、必死で抵抗したが、あと少しで溺れるところだったという。

このような話は枚挙にいとまのないくらい存在する。ある者はそれを河童だと呼び、あるいは沖縄戦で亡くなった者たちがグソー（死後の世界）へ生者を引き摺り込むアシヒッパサヤー（足を引っ張る者）であるという。また証言者によっては、アシヒッパサヤーには水掻きがついていたという者もあり、そこが河童ではないかといわれる所以でもある。

それが原因かどうかはわからないが、現在貸ボートは廃止されている。

井戸の女

小原猛

鉢嶺《はちみね》さんは大学生だった頃、アルバイトで発掘調査の仕事を行っていた。昔の琉球王朝時代の遺跡を調査のため掘り返して、建物の跡やさまざまな生活用品などを注意深く掘り起こすのである。

鉢嶺さんが参加していた現場は、首里城の真下にある建築現場で、大昔の建物の基礎部分が現れたという。昔からこの場所には寺院があったといわれており、掘り返してみると、昔の木造建築の基礎部分に加えて、沖縄戦当時のものと思われる水筒などが発見された。

ある夜のことである。

鉢嶺さんは夕方、発掘作業が終わってから、原付バイクでアパートに戻った。ところがアパートの部屋の鍵がない。

「ああ、作業着を着替えたときに、プレハブの事務所に忘れてきた！」

すぐに心当たりがあったので、急いで現場へと戻った。

現場にはもう誰もおらず、家の鍵もすぐに見つかった。周囲は雑木林で、原付バイクのヘッドライトがなければ、辺りは暗闇だった。

と、プレハブの事務所の角辺りに誰か立っていた。鉢嶺さんは驚いて、声をあげてしまった。

それは髪の長い、驚くほどに痩せて背の高い女性だった。真っ白い服を着て、こちらを睨みつけていた。

鉢嶺さんは悲鳴をあげて原付バイクを動かそうとしたが、なぜかエンジンがかからない。何度もキーを回していると急にエンジンがかかり、鉢嶺さんは現場から急発進して、その場を離れることができた。

次の日の朝、再び発掘現場に戻って、リーダーの大学教授に昨夜の出来事を報告した。

「鉢嶺よ、それはつまり、そこの角にオバケが立っていたんだな?」

教授はプレハブの建物の角を指差しながらいった。鉢嶺さんは無言で頷いた。

すると教授は何を考えたか、アルバイトたちに、鉢嶺さんが幽霊を見たと言い張る場所を掘り起こすよう指示した。

すると次の日、その場所から円形に岩で囲まれた井戸跡が現れたという。

「先生、どうしてあそこに何かあるってわかったんですか?」

鉢嶺さんが教授にそうたずねた。

「他の現場でもあったんだよ。なぜかオバケが出ると、そこは墓場か井戸のどちらかなんだ」

教授はあっさりとそう答えたという。

弁財天堂の幽霊

小原猛

首里城のそばに周囲を水に囲まれた弁財天堂という場所がある。

十五世紀に当時の朝鮮から高麗版大蔵経《こうらいばんだいぞうきょう》という仏像が贈られ、それを祀るために尚真王《しょうしんおう》が首里城近くに弁財天堂というものを作らせたのが始まりである。人々の信仰の対象になっており、多くの人がさまざまな理由で祈願に訪れたが、その女も例外ではなかった。

その若い女性はいつも、弁財天堂にかかる天女橋の上で祈祷していたが、じつは女には重篤な病気にかかっている兄弟がいて、回復を祈るために祈っていた。

だが運命とは皮肉なもので、そうやってお祈りしている間に、その若い女性自身が病気にかかってしまい、あっけなくこの世を去ってしまった。

すると女は死んでからも、病気の兄弟のことが気になり、弁財天堂に架かる天女橋のたもとに幽霊となって現れるようになった。

そこに幽霊退治を専門にしている一人の侍《サムレー》がやってきた。

「そんな幽霊など、わしがあの世にすぐさま送り返してやろう」侍はそう宣言した。

その夜も女は、病気の兄弟が心配で、橋のたもとに立った。それを見た侍は、それ見たことかと、現れた女の幽霊に勢いよく斬りかかった。

水に囲まれた弁財天堂。

すると女は悲鳴をあげ、まるで人間のような赤い血しぶきをあげて倒れた。

侍はもしかしたら人を切ってしまったのかと思い、怖くなって逃げたが、次の日の昼、天女橋に戻ってみても、女の死体などどこにもなかった。そこでもう一度夜中に行って見ると、同じ女が橋のたもとに立っていた。

「よくも私を切り殺したな」と女が恨めしそうに言った。

「私は弟の病気を治すために、こうやってあの世から戻って祈祷しに来ていたのに。お前に切り殺されてしまったので、もう二度とこちらに帰って来れなくなった。そのせいで兄弟はもう助からない。だからお前を殺してやる」

侍は怖くなって必死で逃げたが、女は追いかけて相手の腰を砕いた。幽霊退治の侍はそれがもとで死んでしまったといわれている。

この話は『那覇の民話資料（第4集 首里地区）那覇市文化財調査報告書第6集』に収録されている話だが、現在でもこの場所には正体不明の女の幽霊が出るといわれている。

すでに高麗版大蔵経はなくなっているが、弁財天堂は池の中に佇み、祈祷にくる者たちをひっそりと待ち構えている。

浦《うら》添《ぞえ》城《じょう》

所在地◆沖縄県浦添市仲間山川原

築城◆12世紀頃

主たる城主◆舜天王、英祖王

アクセス◆【鉄道】浦添前田駅から徒歩10分

【車】沖縄自動車道・西原ICから10分

沖縄はもともと南山、中山、北山の三つの国に分かれていた。それを統一したのが尚巴志で、以降は首里城が政治の中心になるのだが、それ以前の時代、浦添城跡は中山の本拠地として活躍した城であった。

浦添城跡が建てられたのはおおよそ十二世紀あたりであると考えられている。舜天により築城され、その舜天は沖縄に渡ってきた源為朝の子孫であるとの伝承もある。保元の乱で敗れた為朝は、そのまま伊豆大島に流刑になり、その後奄美群島の加計呂麻島を経て、当時の琉球国の今帰仁に辿り着く。

舜天は正史の『中山世鑑』によると沖縄の最初の王である。

メル・ギブソン監督作品「ハクソー・リッジ」では沖縄戦の悲惨な戦闘が描かれたが、その舞台となった前田高地と呼ばれた場所は浦添城跡のすぐ近くにある。そのために浦添城跡およびその隣にある浦添ようどれ（ようどれは夕凪の意味で、静かな場所を意味する。英祖王などの遺骨がある墳墓）には幽霊の噂が絶えないが、それ以前からこの場所には火の玉が出るという噂がある。そして現在にいたるまで、この場所には様々な幽霊譚が存在し続けているのである。

赤い風船

小原猛

浦添城跡には公園として再開発したエリアがあり、長い滑り台が存在する。ミキさんは家が近いので、よく五歳の娘を連れて遊びにいっていた。

ある日の午前中、時間があり天気も良かったので、ミキさんは娘を連れて城跡公園に向かった。車を駐車場に停め、娘の手を引いて丘を登った。

丘の上から景色を見渡すのは気持ちがよかった。娘とともにぼんやりしていると、いきなり彼女がこんなことをいった。

「ママ、怖ーい!」

「どうしたの?」

「ママ、怖いよう」

「どうしたのよ? 何が怖いの?」

聞いても娘ははっきりとは教えてくれない。それから怖い怖いといって泣き出してしまったので、ミキさんは困ってしまった。周囲を見ても誰もおらず、野犬とか何かの看板を見て怖がっているのかとも考えたが、そのようなものも一切見当たらない。

そこで最後に滑り台に乗って、そのまま家に帰ることにした。

膝の上に娘を乗せて長い滑り台を降り始めると、しばらくして視界の中に一個の赤い風船が現れた。

「みてみて、赤い風船さんがきたよ」

そう娘にいうと、彼女はそのとたん烈火のごとく泣き始めた。

「いったいどうしたの？　風船さんだよ？」

しかし娘さんの悲鳴は止まらない。そこで降りるスピードを速めようと、滑り台の手すりを掴んで押してみた。するとその風船はどんどんミキさん親子のほうへと近づいてくる。よく見ていると風船は風の吹いている方向とは関係のないほうへと動いている気がした。まるで誰かがその風船を意思のあるものとしてコントロールしているようにも見える。ミキさんは両腕にさらに力を込め下に降りた。しかし娘の泣き声は止まらず、ようやく二人が下に降りた頃にはミキさんもパニックになって泣いてしまっていた。

そのままミキさんは娘を抱えて車まで走った。後ろを振り返ると、なぜか赤い風船は地面スレスレを漂いながら、二人のあとを追いかけてきた。

泣きじゃくる娘を車に乗せると、すぐにエンジンをかけて車を出した。そのまま幹線道路まで出て、ふとバックミラーを見ると、赤い風船がすぐ後ろの上空に浮かんでいるのが見えた。

「どうして？」

彼女は思わず大きな声で叫んでしまった。その声でさらに怖がってしまった娘が泣き出した。もうわけがわからない。とりあえず彼女は車を家に向かわせるのを諦め、通り過ぎてからさらに先にある普天間《ふてんま》神宮まで向かった。

車が普天間神宮の駐車場に入ると、赤い風船の姿は視界から消え去っていた。

しばらく娘を抱きかかえながら、駐車場に車を停めてじっとしていた。やがて娘がこんなことをいった。

「兵隊さん、怖かったね」

「兵隊さん？」

「外国の兵隊さんだったね」

「何いってるの。兵隊さんなんかいないわよ」

「ううん。いたよ。いっぱいいたね。怖かったね。空中に首、いっぱいだったね」

それを聞いて、ミカさんはすぐに社務所に行ってお祓いを受けた。

その後ミカさんは城址の上に赤い風船が飛んでいるのを何度か見たというが、すぐに引き返したので、それっきり関わりはないという。

ユリ

小原猛

賢司さんが二十歳の頃、高校の先輩から夜中に電話がかかってきた。

「おい賢司、今みんなで浦添城跡で酒飲んでいるから、ビール二ダース買ってこい」

いきなりそう言われたが、先輩の言うことは無下に断れない。仕方ないので自転車を飛ばしてビールを買い、指定された城址の場所まで運んだ。そこは新しく作られたトイレの横で、暗闇の中に明るい街灯が煌々と灯っていた。

「えー賢司、きたな。まあ座れ」

そこには車座になった先輩が五人ほどいた。賢司さんがビールを渡すと、彼らはすぐにビールを開けて飲み始めた。

賢司さんも勧められたので一緒に乾杯して飲み始めた。先輩たちはそれぞれの話をまとまりなくだらだらと話し、賢司さんは聞いているふりをした。

時間だけが過ぎ去り、賢司さんは家に戻りたかったが、先輩たちはなかなか離してくれない。微妙に賢司さんの周囲の人間の話をしては、その場から解放してくれなかった。

やがて深夜四時くらいになったときに、照屋さんという先輩がいきなり立ち上がってこんなことをいった。

「とにかく乾杯をしよう。立派に戦って散った英霊のために」

それを聞いて賢司さんは違和感を覚えた。この先輩は軍隊が大嫌いで、彼の口から英霊などという言葉が発せられるのが不思議でならなかった。それは他の四人もなんとなく思っているようで、微妙におかしな雰囲気になったが、それでもみんな酔っていたせいか、そのまま乾杯した。

すると照屋さんは、その場にいない誰かに対して語り始めた。

「えー、こっちにくればいいさー。どうしてそんな遠くにいるばー?」

「照屋、お前、誰と会話してる?」

他の先輩が聞いた。

「わやまさん」

「わやま?　そんなやつおらん」

「平和の和に山って書く。本土から沖縄防衛のために来たっててよ」

「和山って沖縄の苗字じゃない」と他の先輩がいった。

「大阪から来たらしいよ」

それを聞いて、その場の空気が凍りついてしまった。酔っているのか、それとも目に見えない誰かと本当に会話しているのだろうか。

すると照屋さんは、賢司さんが一度も聞いたことがない軍歌を歌い始めた。それを聞いた他の先輩が、これはマズイと思ったのか、こういった。

「そろそろ帰らないか?」

するとそこに妙な匂いが漂ってきた。ユリか何かの強烈な生花の匂いだった。賢司さんは以前どこかで嗅いだ匂いだと思い出した。

「なんか花の匂いしないか?」

「葬式のときの花の匂いみたいだ」

そう賢司さんは呟いた。花の匂いはますます強烈になった。もうこれ以上飲み会を続けるのはできないと判断して帰ることになったが、照屋さんはそのままぶっ倒れて動かなくなってしまった。何人かで照屋さんを運ぼうということになったが、照屋さんは帰ることに対して抵抗しだし、他の何人かが必死になって運ぼうとしたが、結果彼らも疲れ果て、地面の上に倒れてしまった。

結局賢司さん以外、全員その場にうずくまって倒れてしまった。東の空がうっすらと明るくなってきた。

賢司さんは朝八時からアルバイトに行く予定があったので、先輩たちを置いて、一人でその場を抜け出した。自転車を置いた場所に戻る前に、賢司さんは先程嗅いだ匂いの正体を知ることになった。

大きな昔の墓の前に、何十束もの花束が整然と置かれてあった。その墓は洞窟をくり抜いて蓋をしたもので、なぜか真ん中の蓋が外されていた。真夜中なのに、数十匹の蝶が辺りに乱舞していた。

新しく納骨されたものだろうと賢司さんは思ったが、あまり深く考えなかった。

その後シャワーを浴びてアルバイトに行こうとした際に財布が見当たらない。どうやら浦添城跡のトイレの前に置いてきたらしい。戻るのはなんだか嫌だったが仕方なく取りに戻った。

財布は座っていた場所にちゃんと置かれていた。先輩たちの姿もなくなっていた。財布を取って自転車に乗る前に、昨夜花束の置かれていた墓の前を通った。するとそこには花束など一つもなく、墓の蓋も閉まっていた。何度も確認したが、昨夜と同じ墓であることは間違いなかった。

さて、それから五年後のことである。二十五歳のときに、別の飲み会で先輩の一人と飲んだ。その際に浦添城跡にビールを買って呼び出された話になった。そのときに、ユリの匂いがした話を賢司さんがしはじめると、青ざめた顔のその先輩がいった。

「俺はその飲み会覚えてない。というか出席していないはず。それより照屋はお前が十七歳の頃に城跡の中で自殺しただろ？　だからお前が二十歳の頃にはもう生きていないはずだ」

それから何度も確認したが、照屋さんがいたこと、ユリの話が何十束もあったことなど、説明のつかないことばかりだった。後日他の先輩にも確認したが、誰もその夜の飲み会を覚えていなかった。

照屋さんが首を吊って亡くなったのは、飲み会をした場所のすぐ近くだったという。

服部義史（はっとり・よしふみ）

北海道出身、恵庭市在住。幼少期にオカルトに触れ、その世界観に魅了される。全道の心霊スポット探訪、怪異歴訪家を経て、道内の心霊小冊子などで覆面ライターを務める。現地取材数はこれまでに８０００件を超える。著書に『実話奇聞 怪談骸ヶ辻』『実話怪録 北の闇から』『蝦夷忌譚 北怪導』『恐怖実話 北怪道』など。

高田公太（たかだ・こうた）

青森県弘前市出身、在住。Ｏ型。実話怪談「恐怖箱」シリーズの執筆メンバーで、元・新聞記者。著書に『恐怖箱 青森乃怪』『恐怖箱 怪談恐山』『絶怪』、共著に「煙鳥怪奇録」「奥羽怪談」各シリーズ、『実話奇彩 怪談散華』『青森怪談 弘前乃怪』『東北巡霊 怪の細道』など。２０２１～２２年にかけてＷｅｂで初の創作長編小説「愚狂人レポート」を連載した。

戸神重明（とがみ・しげあき）

群馬県出身在住。著書に「怪談標本箱」シリーズ、『幽山鬼談』『いきもの怪談 呪鳴』『上毛鬼談 群魔』『群馬百物語 怪談かるた』、共著に『高崎怪談会 東国百鬼譚』『群馬怪談 怨ノ城』など。多趣味で昆虫、亀、縄文土器、スポーツ観戦、日本酒などを好む。

川奈まり子（かわな・まりこ）

八王子出身。怪異の体験者と土地を取材、これまでに５０００件以上の怪異体験談を蒐集。怪談の語り部としてイベントや動画などでも活躍中。著書に「一〇八怪談」「実話奇譚」「八王子怪談」各シリーズ、『僧の怪談』など、共著に『実話怪談 恐の家族』のほか「怪談四十九夜」「瞬殺怪談」「怪談百番」各シリーズなど。日本推理作家協会会員。

丸山政也（まるやま・まさや）

２０１１年「もうひとりのダイアナ」で第３回『幽』怪談実話コンテスト大賞受賞。著書に「奇譚百物語」「信州怪談」各シリーズ、『怪談実話 死神は招くよ』『恐怖実話 奇想怪談』など。共著に『エモ怖』のほか「てのひら怪談」「みちのく怪談」「瞬殺怪談」「怪談四十九夜」各シリーズなど。

田辺青蛙（たなべ・せいあ）

『生き屏風』で日本ホラー小説大賞短編賞を受賞。著書に「大阪怪談」シリーズ、『関西怪談』『北海道怪談』『紀州怪談』『魂追い』『皐月鬼』『あめだま 青蛙モノノケ語り』『モルテンおいしいです^q^』『人魚の石』など。共著に「京都怪談」「てのひら怪談」「恐怖通信 鳥肌ゾーン」各シリーズ、『怪しき我が家』『読書で離婚を考えた』など。

神沼三平太（かみぬま・さんぺいた）

神奈川県茅ヶ崎市出身。大学や専門学校で非常勤講師として教鞭を取る一方で、全国津々浦々での怪異体験を幅広く蒐集する。主な著書に『怪奇異聞帖 地獄ねぐら』『実話怪談 揺籃蒐』『実話怪談 凄惨蒐』『甲州怪談』『湘南怪談』『千粒怪談 雑穢』など。共著に『怪談番外地 蠱毒の坩堝』のほか、「恐怖箱 百物語」シリーズなど。

さむ

占い師、宗教学の研究者、京都大学・非常勤講師。同大学大学院博士課程満期退学。世界宗教と民間信仰の混ざり方に興味がある。実証研究で占いを始めたら、その日から当たるということになり、兼業占い師に。趣味は本物の霊能者探し。
X @oracle_sam2022

つるんづマリー

１９７５年兵庫県姫路市生。９７年バンド「つるんづ」結成。２００８年『漫画アクション』（双葉社）で漫画家デビュー。現在『実際にあった怖い話』（大都社）、『思い出食堂別館』（少年画報社）で漫画連載。関西を中心に怪談イベントにも出演。単行本『魚共村奇譚』①、②『つるんづ怪談』発売中。

岡 利昌（おか・としまさ）

１９８０年広島生まれ。岡山の大学に進学し、同地で学生時代を過ごす。現在は書店員として働く傍ら、実話怪談、ホラー小説、コミック原案等を手掛ける。主な著書に『広島怪談』『広島岡山の怖い話』、１０４名義の既著に『霊感書店員の恐怖実話 怨結び』がある。

小原 猛（こはら・たけし）

沖縄県在住。沖縄に語り継がれる怪談や民話、伝承の蒐集などをフィールドワークとして活動。著書に「琉球奇譚」シリーズのほか、『沖縄怪談 耳切坊主の呪い』『琉球妖怪大図鑑』『琉球怪談作家、マジムン・パラダイスを行く』『いまでもグスクで踊っている』『コミック版琉球怪談 〈ゴーヤーの巻〉〈マブイグミの巻〉〈キジムナーの巻〉』など。

住倉カオス（すみくら・かおす）

出版社のカメラマンとして多くの心霊取材に携わる。アマゾンプライムのＣｈａｎｎｅｌ恐怖にて「住倉カオスの怪談★語ルシス」を主宰。著書に『百万人の恐い話』『百万人の恐い話 呪霊物件』、共著に『実話怪談 樹海村』『実録怪談 最恐事故物件』『恐怖箱 怨霊不動産』『呪物怪談』など。

初出一覧

松前城に残る怒り（「M前城に残る怒り」改題）……恐怖実話 北怪道
デッドスポット……恐怖箱 屍役所
お城のある公園……恐怖箱 彼岸百物語
軍事都市の陰……上毛鬼談 群魔
箕輪城と木部姫……上毛鬼談 群魔
太田の迷い道……実話奇譚 蠱惑
白い女（「久留里からの帰り道―白い女―」改題）……一〇八怪談 濡女
天使とドライブ（「久留里からの帰り道―天使とドライブ―」改題）……一〇八怪談 濡女
海ほたる（「久留里からの帰り道―海ほたる―」改題）……一〇八怪談 濡女
ひとり増える（「城跡異聞集」改題）……八王子怪談
追い返される（「城跡異聞集」改題）……八王子怪談
右側が狙われる（「城跡異聞集」改題）……八王子怪談
キモダメシ？（「八王子城奇談」改題）……八王子怪談 逢魔ヶ刻編
異界のとば口（「八王子城奇談」改題）……八王子怪談 逢魔ヶ刻編
後北条家の伝奇……書き下ろし
釣れた……実話奇譚 蠱惑
北ノ無惨拾遺抄……書き下ろし
霞ヶ城伝説……書き下ろし
ちょっと、きみ……信州怪談

小岩嶽城址公園……信州怪談 鬼哭編
大阪城の怪談……大阪怪談
蛙石……関西怪談
京橋の化け物屋敷……関西怪談
大阪城公園……恐怖箱 怪戦
大阪城の石垣の行方……書き下ろし
白鷺城奇譚集……書き下ろし
播州皿屋敷……書き下ろし
傘化け……書き下ろし
反時計回り……書き下ろし
鏡山公園……広島怪談
クンダグスクの呪い……書き下ろし
第三十二軍総司令部壕の亡霊たち……書き下ろし
トルーマン暗殺計画と壕の中の人影……書き下ろし
龍潭に現れるアシヒッパサヤー……書き下ろし
井戸の女……書き下ろし
弁財天堂の幽霊……書き下ろし
赤い風船……書き下ろし
ユリ……書き下ろし

★読者アンケートのお願い

本書のご感想をお寄せください。アンケートをお寄せいただきました方から抽選で５名様に図書カードを差し上げます。
（締切：2024年５月31日まで）

応募フォームはこちら

怖い日本の名城

2024年5月7日　初版第一刷発行

著者……………………………… 川奈まり子、小原 猛、服部義史、高田公太、戸神重明、丸山政也、田辺青蛙、神沼三平太、岡利昌、つるんづマリー、さむ
監修・解説 ……………………… 住倉カオス
デザイン・DTP ………………… 荻窪裕司（design clopper）

発行所…………………………… 株式会社 竹書房
〒102-0075　東京都千代田区三番町８－１
三番町東急ビル６Ｆ
email：info@takeshobo.co.jp
https：//www.takeshobo.co.jp
印刷所…………………………… 中央精版印刷株式会社